A participação em Cristo está no cerne da teologia de Paulo, mas é difícil de entender e fácil de negligenciar na prática. Macaskill nos desafia a levá-la totalmente a sério em nossas vidas cristãs, bem como em nossa teologia, apresentando seu argumento com cuidado exegético e sabedoria espiritual.

Richard Bauckham, professor emérito de estudos do Novo Testamento, University of St. Andrews

Macaskill nos oferece um relato lúcido e perspicaz de textos-chave na teologia dinâmica do apóstolo Paulo sobre a união com Cristo pelo Espírito. Macaskill combina a perícia afiada de um estudioso do Novo Testamento com um coração pastoral caloroso nesta obra incisiva, estabelecendo um retrato prático da visão de Paulo da vida cristã e corrigindo erros comuns de interpretação que atenuam o poder extraordinário do ensino de Paulo. Recomendo calorosamente *Vivendo em união com Cristo* aos pastores, alunos e outros que buscam recuperar a mensagem transformadora de Paulo de união com Cristo na igreja hoje.

J. Todd Billings, Professor Pesquisador Girod de Teologia Reformada, Western Theological Seminary, Holland, Michigan

Aqui está a verdadeira interpretação teológica prática, originada por exegese cuidadosa, nutrida por sabedoria teológica piedosa, e resultando em um relato verdadeiramente fresco e revigorante da vida em união com Cristo. Este livro é uma fonte de visão pastoral para todos os que têm sede do evangelho de Paulo. Beba profundamente deste poço!

Susan Eastman, Duke Divinity School

GRANT MACASKILL

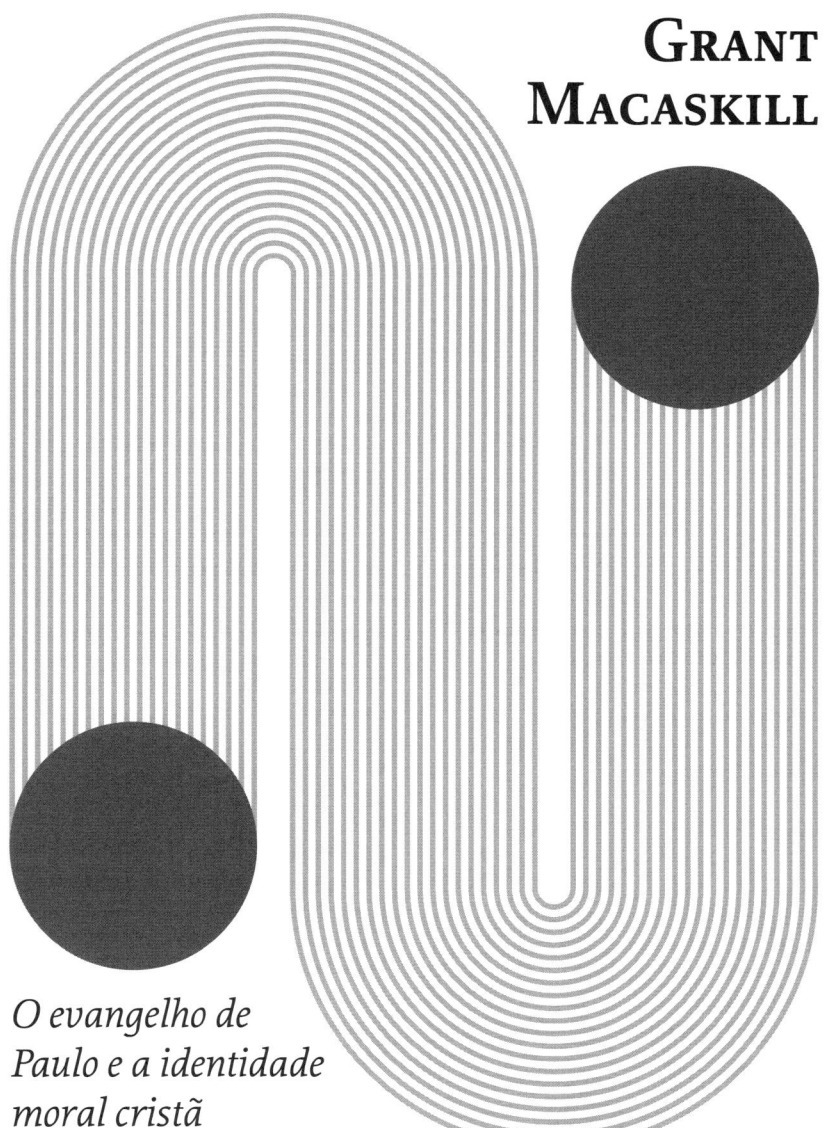

*O evangelho de
Paulo e a identidade
moral cristã*

Vivendo em União com Cristo

FIEL
Editora

M116v Macaskill, Grant
Vivendo em união com Cristo : o evangelho de Paulo e a identidade moral cristã / Grant Macaskill ; [tradução: Breno Nunes de Oliveira Seabra]. – São José dos Campos, SP: Fiel, 2021.
Tradução de: Living in union with Christ : Paul's gospel and Christian moral identity.
Inclui referências bibliográficas e índices.
ISBN 9786557231159 (brochura)
9786557231135 (epub)
9786557231142 (mp3)

1. Bíblia. N.T. Epístolas de Paulo – Crítica, intepretação, etc. 2. Vida cristã – Doutrina bíblica. 3. Mística – Doutrina bíblica. I. Título.

CDD: 227.06

Catalogação na publicação: Mariana C. de Melo Pedrosa – CRB07/6477

Vivendo em união com Cristo: O evangelho de Paulo e a identidade moral cristã

Traduzido do original em inglês:
Living in Union with Christ: Paul's Gospel and Christian Moral Identity

Copyright © 2019 por Grant Macaskill

∎

Originalmente publicado em inglês por Baker Academic, a division of Baker Publishing Group
Grand Rapids, United States.

Copyright © 2021 Editora Fiel
Primeira edição em português: 2021
Todos os direitos em língua portuguesa reservados por Editora Fiel da Missão Evangélica Literária

Proibida a reprodução deste livro por quaisquer meios sem a permissão escrita dos editores, salvo em breves citações, com indicação da fonte.

∎

Diretor: Tiago J. Santos Filho
Editor-chefe: Tiago J. Santos Filho
Supervisão editorial: Vinicius Musselman Pimentel
Editor: Rafael Bello
Coordenação Editorial: Gisele Lemes
Tradução: Breno Nunes de Oliveira Seabra
Revisão: Paulo Reiss Junior
Diagramação: Rubner Durais
Capa: Rubner Durais

ISBN brochura: 978-65-5723-115-9
ISBN e-book: 978-65-5723-113-5
ISBN audiolivro: 978-65-5723-114-2

Caixa Postal 1601
CEP: 12230-971
São José dos Campos, SP
PABX: (12) 3919-9999
www.editorafiel.com.br

Sumário

Prefácio: *reconsiderando a esperança* 7
Agradecimentos 15
Abreviações 19
Introdução: 21
união com Cristo como a base para a vida cristã

1. O contexto acadêmico para o presente estudo 41
   Tentativas de revisar nosso entendimento da justificação e da santificação
2. Quem eu realmente sou? 77
   A crise moral de Paulo
3. Batismo e identidade moral 107
   Revestindo-nos em Cristo
4. A Ceia do Senhor e a memória de outra pessoa 129
   Fazei isto em memória de mim
5. Clamando "Abá" nas ruínas da guerra 165
   O Espírito e a presença de Cristo
6. Uma pequena vitória 189
   Esperança e a vida moral cristã
7. Síntese conclusiva 205
   Vivendo em união com Cristo

Bibliografia selecionada 233
Índice onomástico 245
Índice de passagens 249
Índice de remissivo 255

Prefácio

reconsiderando a esperança

Este livro é um exercício de interpretação teológica prática das epístolas de Paulo. Ele envolve a exegese cuidadosa de uma série de passagens em diálogo crítico com o trabalho de outros estudiosos da Bíblia, mas seu propósito não é simplesmente obter uma melhor compreensão do pensamento de Paulo em seu contexto histórico, que é como os estudiosos da Bíblia frequentemente concebem sua tarefa. Em vez disso é, em última análise, orientado em direção a seguinte pergunta teológica prática: como cristãos que estão comprometidos em ver a Escritura como normativa para nosso pensamento e prática devem pensar e agir hoje?

Este é um livro sobre esperança – a esperança do evangelho, e a esperança de que esse evangelho realmente traz libertação do poder do pecado de controlar e destruir nossas vidas. E é sobre o caráter *pessoal* dessa esperança, com isso pretendo dizer que essa é uma esperança constituída por uma pessoa que se faz presente conosco e em nós para nos livrar do pecado. Essa pessoa, Jesus Cristo, não é apenas aquele que nos traz esperança; ele *é* nossa esperança. A ênfase dessa última afirmação pode ser mudada sutilmente de uma forma que extraia ainda mais seu significado: *ele é nossa esperança*. As possibilidades de nossas vidas são limitadas não por nossa própria capacidade natural para a bondade e o amor, mas pelas perfeições e expectativas constituídas por essa outra pessoa, Jesus Cristo. Graças a Deus.

Essa esperança pessoal deveria estar no centro da vida e do ensino de cada igreja, tendo prioridade sobre todas as outras maneiras de pensar sobre Deus e o que significa andar com ele. Nenhum elemento da vida ou pensamento cristão pode ser considerado sem referência a isso e sem referência à pessoa em quem tal esperança é constituída. Por trás da escrita deste livro, no entanto, está a sensação de que o significado que atribuímos a essa esperança pessoal foi reduzido ou deformado de maneiras que comprometem a vida da igreja: ela ainda molda a maneira como pensamos sobre o perdão, mas não molda adequadamente a forma como pensamos sobre o discipulado e o crescimento cristão.

Para colocar essa afirmação nos termos mais rígidos possíveis, a maneira como pensamos sobre a moralidade cristã – mesmo naqueles setores da igreja que se identificam como "evangélicos" – funciona muitas vezes sem qualquer referência a Cristo. Frequentemente, quando pensamos nos cristãos como agentes morais que agem na igreja e no mundo de uma maneira eticamente boa, concebemos sua agência em termos que não são propriamente determinados por quem Jesus é e como ele está presente em suas vidas. Vemos suas ações em termos simples como algo que pertence a eles e é realizado por eles. Podemos falar de Jesus como aquele *a quem* sua obediência é prestada, ou como aquele que exemplifica a obediência *para* eles, mas ainda são *eles* aqueles que agem, quer de maneira boa ou má. Cristo não está pessoalmente envolvido na obediência deles; eles podem ser ajudados ou fortalecidos pelo Espírito Santo, mas são eles que agem. Em consequência, quando buscamos transformá-los em bons agentes morais ou em melhores discípulos, pensamos em termos de ajudá-los a tomarem decisões melhores, pelas quais *lhes* damos crédito. Consequentemente, a maneira como *realmente* pensamos sobre a atividade moral ou sobre o crescimento do cristão (o que muitas vezes chamamos de "discipulado") não é realmente centrada em Cristo, mesmo quando consideramos que ela é direcionada a ele. É, na realidade, uma compreensão centrada no *eu*: podemos falar sobre sermos "semelhantes a Cristo" ou "confiar no poder do Espírito", e, no entanto, ainda concebermos isso como algo que *nós* fazemos. Quando, com a ajuda do Espírito Santo, somos obedientes, somos simplesmente versões melhores de nós mesmos.

E aqui está o problema. O relato de Paulo sobre a vida cristã envolve uma rejeição da ideia de que nosso eu natural pode ser melhorado ou consertado por si mesmo. Estamos tão comprometidos com o pecado que sempre usaremos os dons de Deus para fins idólatras, e permaneceremos cegos para o fato de que estamos fazendo isso, como o próprio Paulo estava antes de seu encontro transformador com o Cristo ressurreto. As pessoas agirão, pensarão, ensinarão e liderarão de maneiras que sirvam a essa idolatria constitucional e o farão sem qualquer autoconsciência. Nossa única possibilidade de salvação está em sermos habitados por outro ser, um ser melhor que pode agir em nós para trazer a verdadeira bondade.

Portanto, a esperança pessoal de Paulo é expressa em sua declaração "já não sou eu quem vive, mas Cristo vive em mim" (Gl 2.20).[1] Isso não significa que sua identidade distinta particular tenha sido apagada da existência: ele ainda saúda as igrejas para as quais escreve como "Paulo" e ainda escreve de uma forma que é moldada por seu passado. Mas algo mudou, e não apenas para o que sua vida é direcionada, ou como ele busca vivê-la agora, mas no sentido mais básico de *quem* ele é, da pessoa que habita o espaço ocupado por seu corpo, de quem recebe o crédito pelo que seus membros ou lábios fazem, de quem ele está se tornando. Ele não está se tornando em uma versão melhor de Paulo; ele está se tornando Paulo-em-Cristo. Ele está metamorfoseando-se[2] na semelhança de Jesus. Por mais difícil que seja para nós compreender o significado de tal linguagem, uma compreensão adequada do conceito de Paulo, da vida moral cristã, exige isso.

Se a maneira como pensamos sobre a vida cristã não é adequadamente moldada por esses termos, então eis o perigo que nos espera: o "eu" que treinamos para servir melhor a Deus será nosso eu natural, o qual sempre conduzirá à idolatria, cujas tentativas de servir sempre se voltarão para a idolatria, e o qual – como Paulo, os fariseus, e como qualquer outro eu religiosamente diligente – trabalhará sob a ilusão de que está fazendo um trabalho incrível, exceto nos momentos em que os episódios

---

1 Nesta edição em português, é usada a versão da Bíblia Almeida Revista e Atualizada (ARA). Comentarei frequentemente sobre isso ou darei minha própria tradução alternativa. No último caso, minha tradução refletirá a dificuldade de captar os tons do grego no inglês idiomático; apenas um inglês não idiomático – estranho e desajeitado – servirá nesses casos.

2 Esse termo reflete a palavra grega que Paulo usa em Romanos 12.2. Em Romanos 8.29, ele usa uma palavra relacionada, *symmorphos*, para descrever nossa condição de sermos "conformados" à semelhança de Cristo.

de óbvio fracasso nos levam (muito sinceramente) à cruz. Se uma leve irritação poder se detectada sob a superfície de minhas palavras, ela é amplamente dirigida a mim mesmo, pois tal forma de pensar sobre a vida cristã, sem dúvida, me marcou ao longo dos anos e se manifestou em minha conduta e valores. Eu fui um idólatra da pior maneira, porque pensava que estava sendo fiel – a não ser nos meus momentos de pecado inegável. Eu era evangélico de evangélicos, da tribo de Knox; quanto ao zelo, um defensor de todas as reivindicações da verdade evangélica e um participante de todos os serviços; quanto à doutrina, sem defeito (em minha própria mente, pelo menos). No entanto, com o tempo, passei a ver que meu problema mais básico era a maneira como pensava sobre mim mesmo: eu realmente não havia entendido as implicações do evangelho para *quem* eu me identificava ser, embora isso fosse uma grande parte da minha herança teológica reformada. Isso afetou toda a minha piedade, todos os meus relacionamentos e todo o meu serviço.

O processo de gradualmente passar a enxergar isso dentro de mim me levou a perguntar se a mesma deficiência poderia estar por trás de uma série de problemas que afetam as igrejas hoje, particularmente entre aquelas que se autodenominam "evangélicas".[3] As igrejas evangélicas em todo o mundo

---

3 Esse termo deve ser usado com cuidado. Ele não possui necessariamente o tipo de significado teológico que frequentemente atribuímos a ele. "Evangélico" frequentemente funciona menos como um rótulo para um relato teológico específico e mais como um rótulo para um movimento ou cultura marcados por um conjunto tanto fluido de compromissos com posições específicas em debates sobre questões de fé. Muitos começaram a se sentir desconfortáveis com o rótulo, em parte em resposta aos problemas percebidos dentro do "evangelicalismo", especialmente na América e especialmente em relação aos recentes desenvolvimentos políticos. No entanto, desde que tenhamos o cuidado de reconhecer o significado limitado da palavra, ela permanece útil como um termo para identificar uma subcultura específica.

continuam a crescer e muitas são – em termos numéricos e financeiros, pelo menos – muito bem-sucedidas. É importante não ser cínico sobre isso, mas também é importante ser honesto em nossa avaliação de alguns dos problemas que se tornaram visíveis em muitas dessas igrejas e rastrear cuidadosamente suas possíveis causas. Além de inúmeras histórias de comportamento dominador e manipulador, especialmente dentro da liderança, tem havido vários relatos de horríveis fracassos morais pessoais. Talvez você conheça as histórias que estão associadas a igrejas bem conhecidas em sua parte do mundo; você pode ter acompanhado online as postagens em blogs sobre isso, porque as congregações muitas vezes são vistas como carros-chefes evangélicos e seus pastores como líderes evangélicos. Conheço histórias como essas que são menos divulgadas, porque as igrejas em questão são menores e não são detectadas pelo radar nacional ou internacional. Pode ser que você mesmo tenha se envolvido em uma história como essa e ainda esteja sofrendo com isso. Pode ser que tal experiência o aguarde.

Nunca devemos permitir que essas histórias obscureçam ou ofusquem o fato de que existem inúmeras igrejas ao redor do mundo que, embora imperfeitas, incorporam algo genuíno e maravilhosamente transformador, com lideranças que têm sido genuínas e maravilhosamente transformadoras. Parte da tarefa que cada um de nós enfrenta é perguntar se as diferenças entre as igrejas que são saudáveis, mesmo imperfeitas, e aquelas que parecem ser mais profundamente tóxicas, são acidentais ou sistêmicas. Será que o fato de um problema específico ter ocorrido em um determinado lugar pode ser compreendido sem nenhuma explicação adicional além da existência do pecado no mundo manifestando-se aqui dessa forma especialmente visível? Ou o problema local é sintomático de algo sistematicamente errado com a cultura ou ideologia da igreja em questão e de seus líderes? Poderia também ser o caso de que o que está errado não seja visto como um problema até que seus sintomas se tornem terrivelmente óbvios?

Essas perguntas precisam ser feitas com cuidado, se não quisermos juntar os pontos erroneamente e desenhar uma imagem distorcida. Elas precisam ser feitas repetidamente e especificamente com muito cuidado porque nunca podemos tirar conclusões generalizadas; o que é verdade sobre uma situação pode não ser verdade sobre outra. Elas também precisam ser feitas em diálogo com a Escritura, enquanto refletimos sobre sua representação do pecado como uma realidade contínua dentro da igreja e sobre seu antídoto, o evangelho de Jesus Cristo. Minha sugestão de que os problemas podem resultar de uma compreensão deficiente de nossa união com Cristo pode não ser correta, ou pode não ser adequada como explicação, mas deve ser considerada.

Agradecimentos

A maior parte do material deste livro foi apresentada como a Série de Palestras Acadêmicas Kistemaker 2018 no Reformed Theological Seminary em Orlando. Agradeço a Michael Allen e Scott Swain por estender a mim o convite para dar essas palestras e pela gentileza de hospedar o evento em si. Também sou grato a Ceci Helm e Christina Mansfield por seu apoio prático em relação à minha estadia em Orlando.

O conteúdo do livro foi moldado por anos de pesquisa sobre o tópico "união com Cristo", e meu próprio pensamento sobre o assunto foi fortemente influenciado pela interação com colegas e com os alunos de doutorado que orientei. Em particular, gostaria de agradecer aos colegas da Universidade de Aberdeen por suas contribuições (muitas vezes inconscientes): Tom Greggs, Paul Nimmo, Phil Ziegler, Ivor Davidson, John Swinton, Brian Brock e Katy Hockey moldaram meu pensamento sobre esses tópicos de várias maneiras. Vários dos meus alunos de doutorado, atuais e recentes, também influenciaram fortemente meu pensamento, especialmente Lisa Igram, Kris Song, Jeannine Hanger, Melissa Tan e Markus Nikkanen.

Embora todos os meus alunos tenham sido parceiros de conversação inestimáveis, seus projetos se cruzaram particularmente com o conteúdo deste livro, e eles têm sido uma grande parte do meu próprio ambiente de pesquisa.

No mundo mais amplo de estudos sobre o Novo Testamento, vários estudiosos também têm sido importantes parceiros de conversação, e têm sido generosos com seu tempo e pensamentos. John Barclay, Susan Eastman, Simon Gathercole, Matt Novenson, Paul Foster, Elizabeth Shively, David Moffitt e Tom Wright foram provavelmente as vozes mais importantes na conversa imediata, mas uma longa lista de outras vozes poderia ser mencionada, algumas das quais simplesmente moldaram uma profundidade real de bondade cristã.

Sou grato a todos os envolvidos no Instituto Chalmers em St. Andrews e ao grupo que se reuniu para ler os rascunhos de grande parte deste material; os participantes estimularam meu pensamento sobre suas ramificações de várias maneiras enriquecedoras. Dentro desse grupo, Mark Stirling, Jared Michelson, Kenny Robertson e Dave Redfern merecem crédito especial por sua liderança e visão em levar este material para a vida da igreja, especialmente seus líderes.

Estou particularmente feliz por publicar este livro com a Baker Academic e desejo estender minha gratidão à equipe editorial. Em particular, Dave Nelson forneceu contribuições inestimáveis sobre os rascunhos das palestras iniciais, que contribuíram para a forma final do material. Sou grato por ter um editor com tanta experiência teológica e sabedoria envolvido com um trabalho desse tipo. Mason Slater e Alex Nieuwsma também merecem agradecimento, no caso deles por exercerem enorme paciência comigo no lado administrativo das coisas.

Por último, uma palavra de contínuo agradecimento à minha esposa, Jane, e às famílias da nossa igreja na Arbroath Town Mission e Cornerstone St. Andrews, e à nossa rede de amigos em toda a Free Church. Todos continuaram a oferecer apoio, incentivo e, sempre que necessário, desafio. Pete e Joanne Nixon e Kenny e Anna Macleod foram amigos particularmente íntimos e ajudaram a moldar o que este livro procura considerar. Também somos gratos pela amizade e supervisão pastoral de Alasdair e Cathie Macleod ao longo dos anos. O tema do ministério expositivo de Alasdair tem sido simplesmente que "é tudo sobre Jesus", e só posso esperar que isso se reflita nas páginas do presente livro.

Abreviações

alt.	alterado
cf.	*confer*, compare
CSB	Christian Standard Bible
dir.	direcionado por
diss.	dissertação
e.g.	*exempli gratia*, por exemplo
esp.	especialmente
etc.	*et cetera*, etcetera
lit.	literalmente
LNTS	Library of New Testament Studies
NVI	Nova Versão Internacional
repr.	reimpresso
SBLDS	Society of Biblical Literature Dissertation Series
SNTSMS	Society for New Testament Studies Monograph Series
trans.	tradução, traduzido por
WUNT	Wissenschaftliche Untersuchungen zum Neuen Testament

Introdução

união com Cristo como a base para a vida cristã

"porque sem mim nada podeis fazer".
Jesus em João 15.5.

Existe uma expressão latina frequentemente encontrada na cultura popular: *sine qua non*. Significa "sem a qual não". É uma expressão que usamos para nos referirmos a algo que não pode ser omitido ou posto de lado sem anular inteiramente um esforço: sem essa coisa, nada pode ser feito.

A principal afirmação deste livro é que toda conversa sobre a vida moral cristã deve começar e terminar com a declaração de Paulo "já não sou eu quem vive, mas Cristo vive em mim" (Gl 2.20), e deve compreender corretamente a obra do Espírito Santo em relação à presença de Cristo. Essa afirmação é a condição *sine qua non* da vida moral cristã, que se torna nula em sua ausência. Isso significa que nunca podemos falar sobre a atividade moral de um cristão sem, sempre, ao mesmo tempo, falar de Jesus, porque o objetivo da nossa salvação não é que nos tornemos versões moralmente aprimoradas de nós mesmos, mas que passemos a habitar e a manifestar *sua* identidade moral. Essa linguagem paulina é espelhada nas palavras do Evangelho de João, citadas no início deste capítulo, que desenvolvem a representação orgânica do cristão como ramo do próprio Cristo, a videira. Deveria ser impensável, então, que líderes cristãos vejam sua tarefa como um treinamento dos crentes para viver mais efetivamente para Deus sem levá-los constantemente de volta a esse ponto. Da mesma forma, deveria ser impensável que os pregadores pudessem ver sua tarefa simplesmente como explicar a passagem diante deles e mostrar o fardo moral que ela coloca em suas congregações, sem também se sentirem compelidos a apontar para a única pessoa em quem essas responsabilidades poderiam ser cumpridas. E, no entanto, muito do nosso ensino faz exatamente isso. Procuramos tornar nosso povo "especialista nas Escrituras" para que estejam moralmente preparados para tomar as decisões corretas, mas isso é tudo o eles se tornam: não discípulos, mas escribas.[1]

O ponto chave, explorado com algum detalhe no corpo deste livro, pode ser aqui resumido em termos das preposições que o regem. Jesus Cristo não é representado simplesmente como aquele *através* de quem temos perdão, ou mesmo como

---

[1] A palavra "escribas" é usada para designar os especialistas na lei com quem Jesus conflita nos Evangelhos. Algumas versões (por exemplo, ESV [Bíblia English Standard Version]) traduzem o termo grego subjacente simplesmente como "escribas", enquanto outras (por exemplo, NVI) usam a tradução mais dinâmica "professores da lei".

aquele *por* quem a vida moral é exemplificada, mas como aquele *em* quem a vida de discipulado ocorre. O próprio Cristo está presente *na* vida do discípulo como o principal agente moral. Não somos simplesmente salvos *por* ele, nem simplesmente seguimos seu exemplo – embora ambas as afirmações continuem sendo verdadeiras – mas participamos *nele*. É por isso que Paulo especifica com tanta frequência que as realidades da vida cristã estão "em Cristo". Não há necessidade de fornecer aqui alguns textos-prova disso, pois dificilmente podemos virar uma página dos escritos paulinos sem encontrar essa expressão ou um equivalente próximo. O Espírito, entretanto, que é tão importante para o relato de Paulo sobre a vida moral, é representado não como nos ajudando a cumprir nosso potencial frustrado, mas como tornando realidade, dentro de nós, a identidade do Filho, e ele faz isso porque ele mesmo é o Espírito *do* Filho (Gl 4.6).

Por trás disso está um reconhecimento honesto de como o pecado afeta nosso eu natural: o pecado corrompe cada um de nós por completo, distorcendo nossas percepções e valores em todos os níveis, a ponto de só podermos ser libertados por alguém fora de nós. É por isso que precisamos de uma justiça "externa", pois não há potencialidade nativa de justiça dentro de nós que possa atender a essa necessidade. Precisamos que uma justiça externa seja creditada a nós se quisermos ser justificados na presença de Deus, mas também precisamos que tal justiça habite nossos membros, lábios e neurônios se quisermos viver e pensar de uma forma que honre a Deus, se quisermos confessá-lo corretamente. Consequentemente, a situação do pecador[2] nunca pode ser resolvida *pelo* próprio pecador, não importa quão bem treinados ou bem ensinados sejamos, mas apenas por outro: o Justo que entra em nossa realidade para constituir novas possibilidades para nossas vidas. Qualquer tentativa de abordar a situação à parte deste Justo servirá apenas aos instintos idólatras da condição humana, o que Paulo chama de "a carne", e isso continua a ser verdade na vida cristã em todos os momentos, pois a carne idólatra luta contra o Espírito de Cristo.

Reconhecendo isso, João Calvino escreveu sobre a história da salvação como envolvendo uma *duplex gratia*, uma "graça dupla" de justificação e santificação (uma palavra que, aqui, indica transformação e crescimento moral), em que ambas as partes da *duplex* são constituídas por Jesus, não apenas a justificação. É por isso que Calvino considerou qualquer negligência da santificação como um "despedaçar de Cristo".[3] Não porque a justificação pela fé em Cristo deva resultar automaticamente em mudança moral, mas porque a mudança moral também é uma função da pessoa a quem estamos unidos pelo Espírito na fé.

O PROBLEMA: UM EVANGELHO COM NOTAS FALTANDO

Aqui, porém, está o nosso problema. Como observo no capítulo 2, o relato da salvação, que normalmente fundamenta os modelos de discipulado dentro da igreja contemporânea,

---

2 Observe o uso do substantivo: pecado não é apenas algo que fazemos, ainda que frequentemente, mas algo constitutivo do que somos.
3 Veja Mark Garcia, *Life in Christ: Union with Christ and Twofold Grace in Calvin's Theology*. Studies in Christian History and Thought (Carlisle, UK: Paternoster, 2008, repr., Eugene, OR: Wipf & Stock, 2008).

inclusive dentro do evangelicalismo contemporâneo, difere da concepção de Paulo (e de Calvino) de maneiras sutis, mas altamente problemáticas. Ele segue as seguintes linhas:

> A morte de Jesus paga por nossos pecados, leva o castigo que merecemos e torna possível nos acertarmos com Deus; uma vez que estamos bem com Deus, recebemos o Espírito Santo para nos dar a capacidade de elevar nosso desempenho moral e viver em obediência aos mandamentos de Deus. Ainda precisamos do evangelho do perdão, porque mesmo nessa nova vida de obediência, continuamos a cair em pecados que precisam ser pagos, mas a transformação de nossas vidas – a santificação – é algo diferente, algo que vem pelo dom do Espírito.[4]

Alguns leitores podem se surpreender com qualquer sugestão de que esse resumo do evangelho está aberto a questionamentos; eles podem já estar buscando passagens bíblicas que deem suporte a tal relato da salvação. No passado, eu mesmo teria feito isso. O que precisamos considerar, entretanto, é que o relato é problemático porque não diz o *suficiente*. Não descreve adequadamente, em termos da própria pessoa de Cristo, a identidade do crente que vive em comunhão com Deus. Não articula suficientemente como o Espírito deve ser identificado em relação a Jesus Cristo. Permite-nos falar sobre a vida cristã como algo que *nós* praticamos em comunhão com o Espírito, sem realmente nos forçar a prestar atenção a *quem somos agora* em Cristo. Ao fazer isso, permite que

---
[4] Veja capítulo 2, "Quem eu realmente sou?".

elementos-chave do evangelho sejam assimilados, sem que os reconheçamos, a um individualismo moderno que sempre comprometerá nosso crescimento cristão.

Permita-me tentar utilizar uma analogia estendida que eu acho que captura algo do estado atual da cultura evangélica e sua compreensão do evangelho. Quando eu era criança, mudávamos com frequência por causa do trabalho de meu pai. Em cada mudança arrastávamos nosso piano conosco. Com o tempo, aquele pobre piano perdeu parte de seu funcionamento: algumas cordas ficaram irremediavelmente desafinadas, alguns martelos se desalojaram e algumas teclas ficaram inutilizáveis. Isso não me impediu de irritar meu professor de piano gastando a maior parte do meu tempo tentando descobrir como tocar a trilha sonora de meus filmes favoritos, em vez de praticar qualquer miserável peça de música clássica que eu deveria estar aprendendo. No entanto, para tocar tais temas tive que contornar a falta dessas notas ausentes. Grandes temas tornaram-se curiosamente menores à medida que os bemóis iam sendo substituídos por suas notas equivalentes; outras notas foram substituídas por outras uma oitava acima. À medida que o piano se deteriorava ainda mais e o número de notas disponíveis diminuía, as melodias se tornavam cada vez menos reconhecíveis, até que finalmente chegaram ao ponto em que não podiam mais ser rotuladas com seus títulos originais. O que eu estava tocando não podia mais ser significativamente chamado de tema de *Star Wars*, por exemplo, porque muitas das notas originais estavam faltando e, não importava o quão forte eu batesse no si bemol, ele não poderia substituir o dó sustenido. Se tivéssemos mantido o piano em melhores condições e garantido que todas as notas permanecessem operacionais, os resultados teriam sido bons, mas uma vez que as notas começaram a falhar, a possibilidade de tocar a melodia corretamente começou a se perder. Por fim, desisti totalmente de tocar, pois o piano deixou de ser realmente um piano e passou a ser um ornamento.

A parte relevante dessa analogia não é a causa do mau estado do piano, mas simplesmente sua condição de degradação progressiva. Como notas vitais da escala foram perdidas, as notas restantes, embora boas, foram insuficientes para compensar a ausência das notas vitais. Por várias razões históricas – boas razões, aliás – evangélicos de diversas origens se comprometeram coletivamente na defesa de certas verdades diante de seus críticos. Mas embora tenhamos mantido essas notas com todo o cuidado e as tenhamos feito soar bem alto, adquirindo uma sensação ao longo do caminho daquilo que temos em comum que é distintamente "evangélico", permitimos que outras verdades caíssem em silêncio. Nossa habilidade de soar aquelas outras notas quando apropriado foi perdida. Em algum momento, devemos nos perguntar se ainda estamos tocando a melodia original ou, talvez sem reconhecê-la, tocando outra coisa, algo diferente. Será que não estamos tocando certas notas boas de maneira tão alta e exclusiva que elas passaram a constituir uma melodia diferente? Perdemos tanto de nossas escalas teológicas que o que proclamamos é, na verdade, um evangelho diferente, como o "outro evangelho" do qual Paulo fala em Gálatas 1.6? Não acho que haja uma resposta simples para essa última pergunta, mas a própria pergunta expõe o problema que precisamos considerar.

PARTICIPAÇÃO EXCÊNTRICA: VIVENDO EM CRISTO E NÃO EM NÓS MESMOS

Pode ser difícil para nós compreendermos a ideia do eu cristão como constituído por Jesus por pelo menos duas razões, ambas as quais, creio, contribuíram para a deterioração do relato moderno do discipulado e da ética. A primeira é que, como modernos, estamos acostumados a falar de uma "pessoa" ou de um "eu" como algo autônomo, algo que pode ser isolado do mundo ao seu redor e ainda ter uma identidade definível ou descritível. Esse é o conceito que Charles Taylor notoriamente rotulou de "o *self* protegido",[5] essa é uma característica muito importante – e notoriamente problemática – do pensamento moderno. Ela fundamenta muitos debates éticos, como, por exemplo, a discussão sobre se, ou em que estágio, os direitos podem ser atribuídos a um feto ou embrião; muitas vezes, isso é abordado como algo conectado ao ponto em que podemos falar significativamente sobre o embrião atingindo a personalidade. O perigo para nós é que tal forma de pensar sobre o eu – como algo protegido e isolável que é inerente ao meu corpo e cérebro – pode estar tão arraigada que, inconscientemente, equiparamos o ensino do Novo Testamento a ela. Sem pensar, modificamos o significado da linguagem, que fala do eu ou da pessoa, de diferentes maneiras para acomodar esse conceito moderno.[6] Nós atenuamos a força de qualquer coisa

---

5 Veja Charles Taylor, *Uma Era Secular* (São Leopoldo: Unisinos, 2010), p. 43. A expressão ocorre ao longo do livro, mas discussões importantes são encontradas nas páginas 53 a 58 e 150 a 158. O último, em particular, considera a importância de Descartes e o *cogito* para o problema moderno de identidade. Para um estudo mais abrangente sobre identidade, veja Charles Taylor, *As fontes do self: a construção da identidade moderna* (São Paulo: Edições Loyola, 2013).

6 Para um exame mais completo do problema moderno e sua influência na leitura

que sugira que "eu" possa ser constituído como uma pessoa por meio de meus relacionamentos com os outros, incluindo este outro, particularmente significativo, chamado Jesus. Essa é uma das razões pelas quais temos dificuldade em compreender o que significa dizer "Cristo vive em mim" ou "viver é Cristo": cada um de nós assume que temos uma identidade baseada em nós mesmos. Falta-nos uma categoria que nos habilite a compreender nossa identidade como sendo formada por meio de nosso encontro relacional com o outro.

A segunda razão é mais propriamente teológica. Ela tem a ver com nossas identidades como algo formado não apenas por nossos relacionamentos em geral, mas por nosso relacionamento com essa pessoa em particular, Jesus Cristo. Nossas mentes hesitam diante da ideia de que somos constituídos em união com Cristo porque nossas mentes são pecaminosas, e o pecado procura manter seu domínio sobre nós mesmo quando seu poder foi formalmente quebrado. Se o pecado é, como Lutero o descreveu, um voltar-se para dentro de nós mesmos,[7] então ele se opõe inteiramente ao ato de nos abrirmos para a presença interior de outro, particularmente *este* outro, que tem tal poder de nos transformar. O pecado procura cavar, agarrar-se ao que ocupa.

---

de Paulo, veja Susan Eastman, *Paul and the Person: Reframing Paul's Anthropology* (Grand Rapids: Eerdmans, 2017). Eastman se engaja ampla e construtivamente nas disciplinas modernas que lutaram com a forma como a individualidade deve ser entendida, valendo-se da filosofia e da psicologia, bem como da teologia.

7   A famosa expressão usada por Lutero, que pegou o conceito de Agostinho e o aplicou à sua leitura de Paulo, é *homo incurvatus in se*. Algumas teologias modernas têm criticado essa maneira de pensar sobre o pecado, vendo-a como altamente androcêntrica. Veja Matt Jensen, *The Gravity of Sin: Augustine, Luther and Barth on homo incurvatus in se*. London: T&T Clark, 2007).

Como Susan Eastman apontou recentemente,[8] a linguagem que Paulo usa sobre o poder controlador do pecado (especialmente em Romanos 7.20) tem alguns paralelos bastante notáveis com a linguagem que ele usa sobre a presença libertadora de Cristo (especialmente em Gálatas 2.20): ambos são representados pela linguagem de ocupação. O pecado habita em nós, comprometendo nosso arbítrio e controlando nossas paixões: não sou mais eu que ajo, mas o pecado que habita em mim (Rm 7.17). A única solução é ser habitado por uma presença melhor para que possamos dizer: "já não sou eu quem vive, mas Cristo vive em mim" (Gl 2.20). Mas o pecado que habita em nossa carne e em nossas mentes sempre lutará com o Espírito, por meio de quem essa melhor morada se torna real e por quem nossas mentes são transformadas. E o pecado frequentemente o fará sutilmente, disfarçando seu verdadeiro caráter com um manto de religião e piedade.

Isso nos leva a uma afirmação que alguns podem achar surpreendente ou mesmo ofensiva. Embora usemos a palavra "pecado" facilmente e com frequência, especialmente dentro do evangelicalismo, não levamos a sério o suficiente o quanto o pecado afligirá e subverterá nossa piedade – tanto nossa prática quanto nossa doutrina – se não for *sempre* confrontado pelo evangelho. Esse, certamente, é um dos temas dominantes das Escrituras tanto no Antigo quanto no Novo Testamento: aqueles que receberam a Palavra de Deus ainda se voltam para fins idólatras e precisam ser graciosamente libertados de suas corrupções. Isso foi verdade acerca daqueles que dançaram

---

8 Susan Eastman, *Paul and the Person: Reframing Paul's Anthropology* (Grand Rapids: Eerdmans, 2017), p. 6-8.

ao redor de um bezerro de ouro depois de terem sido tirados do Egito (Êx 32); foi verdade acerca dos fariseus (Mt 23); foi verdade acerca do grupo da circuncisão na Galácia e os pseudo-humildes em Colossos (Cl 2.23). Ainda mais surpreendente é que isso aconteceu com Pedro, um apóstolo cheio do Espírito que teve de ser desafiado por Paulo (Gl 2.11-14). Na maioria desses casos, o compromisso das pessoas com as Escrituras não está em questão: ninguém diria que os fariseus não levaram a sério a Palavra de Deus ou que o "evangelicalismo" de Pedro era duvidoso. Mas em algum ponto, para o qual eles próprios estavam cegos, sua piedade foi distorcida pelo pecado e começou a servir a fins errados. Se isso foi verdade para eles, poderia ser verdade para nós? Poderíamos, mesmo enquanto nos congratulamos por nossos compromissos com as Escrituras e suas verdades, estar pensando de maneiras fundamentalmente idólatras?

LEGALISMO: O EU IDÓLATRA E OS MANDAMENTOS DIVINOS

Muitas vezes pensamos na idolatria em termos de colocar algo no lugar que deveria ser apropriadamente ocupado somente por Deus. Isso não está errado, mas precisamos dar um passo adiante. A idolatria é definida por seus sujeitos tanto quanto por seus objetos; somos idólatras constitucionalmente, e é por isso que transformamos as coisas em ídolos. Colocamos essas coisas no lugar que Deus deveria ocupar porque convém ao nosso egocentrismo fazê-lo, mesmo que as coisas que colocamos venham a nos escravizar e tiranizar. Colocamos ídolos físicos que representam deuses naquele lugar porque os vemos como coisas que podem ser controladas por nós: podemos apaziguá-los, satisfazê-los e manipulá-los por meio de nossos rituais, nossa adoração e nossas ofertas. Se lhes dermos as coisas certas, eles nos darão chuva ou sol ou o tipo certo de filhos. Yahweh não é assim, mas "os deuses" são. Quando nos aproximamos de Deus, o fazemos em *seus* termos; quando nos aproximamos de nossos ídolos, o fazemos em *nossos* termos, visto que eles são realmente as coisas que *nós* criamos para serem colocadas no lugar devido a Deus. Quando esses ídolos nos escravizam, é o nosso eu que nos mantém prisioneiros, porque no nosso eu é onde o pecado habita.

Quando colocamos outras coisas naquele lugar (sexo, dinheiro, sucesso, status, etc.), o mesmo problema está em jogo: o eu é idólatra porque é autocentrado e não centrado em Deus, e ter ídolos de todos os tipos é a maneira mais fácil de satisfazer os anseios do eu, até que os anseios piorem e os ídolos se tornem menos recompensadores. O caminho fácil para a gratificação nos leva a nos tornamos propriedade daquilo que pensávamos que serviria aos nossos desejos.

Como discutirei no capítulo 3, Paulo usa a mesma imagem para falar da escravidão ao pecado na idolatria – ser controlado pelos "princípios elementares" – e para falar sobre o legalismo. Pois, na verdade, o legalismo é uma espécie particular de idolatria que reflete essa mesma dinâmica de egocentrismo. O legalismo pega os bons dons de Deus das Escrituras e dos mandamentos e os transforma em fins do eu, usando-os como meio de ganhar capital simbólico, controlando a maneira como os outros pensam sobre nós e tentando controlar a maneira como Deus pensa sobre nós.

Precisamos desafiar as maneiras de pensar sobre o legalismo que o veem como um problema de outra pessoa.

Temos a tendência de pensar no legalismo em termos de um compromisso de carteirinha com a salvação pelas obras, uma crença que atribuímos a outras religiões ou outras tradições cristãs, mas da qual nós mesmos fomos libertados. Além das questões que foram levantadas sobre se os judeus dos dias de Jesus alguma vez sustentaram tal crença,[9] essa maneira de falar sobre o legalismo faz pouca justiça ao que parece ser um tema dominante em Gálatas: o legalismo envolve a busca de status aos olhos de outros crentes, seja conscientemente ou não, e não apenas a busca por ganhar crédito diante de Deus.

Alternativamente, às vezes pensamos no legalismo como se fosse idêntico à manutenção dos valores tradicionais, vendo-o como um problema que aflige os cristãos mais velhos que parecem ser mais moralmente restritivos do que nós. Acreditamos que não há graça suficiente em suas vidas, por isso eles se preocupam tanto em seguir certas práticas tradicionais. Novamente, além da possibilidade de estarmos julgando pessoas cujos compromissos aparentemente tradicionais são, na verdade, manifestações reais de decisões piedosas, existe o perigo de ignorarmos nossas próprias motivações morais, o impulso por trás de nossas próprias práticas de oração ou adoração. Vivendo nosso cristianismo "vibrante", "moderno" e "radical", estaríamos nós, na verdade, vivendo o velho problema da idolatria, pela qual até mesmo

---

[9] Essas perguntas foram feitas cuidadosamente em E. P. Sanders, *Paul and Palestinian Judaism: A Comparison of Patterns of Religion* (Minneapolis: Fortress, 1977). Embora a interpretação de Sanders sobre Paulo tenha sido criticada ao longo das décadas, sua afirmação central de que a graça era um conceito onipresente no Judaísmo do Segundo Templo foi amplamente aceita, e isso, por sua vez, problematizou formas comuns de conceituar "obras de justiça".

a bondade dos mandamentos de Deus se transforma em algo que o eu pecaminoso pode mercantilizar?

Aqui está o mais desconfortável dos pensamentos. A certa altura, Paulo considera o ensino ou as crenças de pessoas que parecem ter confiado em Cristo e recebido o Espírito como um "outro evangelho" (Gl 1.6). Paulo rotula algumas dessas pessoas de "falsos irmãos" (2.4), mas ele também fala de se opor a um companheiro apóstolo (Cefas, ou seja, Pedro, em 2.11) por aquiescer a tais crenças e, claro, ele escreve aos gálatas porque essa teologia agora prevalece entre eles. A própria Escritura, então, representa isso como uma corrupção que se manifesta dentro das igrejas que professaram fé em Cristo e experimentaram o Espírito. Não é um problema que possamos simplesmente projetar em outras tradições da igreja sem perguntar primeiro se ele vive entre nós.

Como veremos no capítulo 4, a linguagem que Paulo usa para esse outro evangelho o representa como uma espécie de idolatria da qual os crentes supostamente foram libertados. Esse, acredito, é um exemplo particularmente claro de algo que funciona como um tema em todo o Novo Testamento: nossa pecaminosidade constitucional, nossa "carne", continuará a se manifestar em idolatria sempre que não for vista pelo que é e tratada com seu único antídoto, a presença pessoal de Jesus Cristo agindo por meio de seu Espírito. Se começarmos a pensar ou falar sobre qualquer parte da vida e da ética cristã à parte de Cristo, nossa carne a transformará em idolatria. Até mesmo as melhores coisas, até mesmo os mandamentos de Deus, tomados de forma isolada de Jesus, se tornarão matéria de idolatria, como aconteceu com os gálatas, porque os mandamentos são mais fáceis de lidar do que o próprio Deus.

Se realmente levarmos o pecado a sério, reconheceremos isso; mas talvez nosso problema seja precisamente que não levamos o pecado a sério o suficiente. Apesar de toda a frequência com que falamos sobre o pecado, não reconhecemos o quão profundamente ele nos compromete e quão absolutamente necessitados de Jesus sempre seremos. Somos, por natureza, idólatras; a única coisa que pode superar essa realidade, sempre que ela vem à tona, é o evangelho de Jesus Cristo. Cada um de nós deve refletir sobre isso: será que o rótulo "evangelho", em nosso evangelicalismo particular, na verdade designa aquele outro *euangelion* (evangelho) do qual Paulo fala? Não seria uma coisa horrível para qualquer um de nós admitir isso?

O PRESENTE ESTUDO: SUA FORMA E OBJETIVOS

O que procuro fazer no presente estudo não é fornecer um relato abrangente da identidade cristã ou uma discussão sistemática das filosofias cristãs da individualidade. Para os interessados em tais discussões, existem outros estudos disponíveis que fazem um trabalho muito melhor do que eu jamais poderia.[10] Nem procuro dar um relato sistemático ou abrangente da santificação; novamente, outros estudos excelentes desse tipo estão disponíveis.[11] Em vez disso, o que farei é trabalhar através de uma série de passagens nas quais o sentido subjacente de Paulo sobre a reconstituição da identidade cristã transparece no desenvolvimento e na trama de seus escritos. Vou mostrar como a maneira distinta de Paulo pensar sobre a

---

10 Veja, por exemplo, Brian Rosner, *Known by God: A Biblical Theology of Personal Identity* (Grand Rapids: Zondervan, 2017).

11 Em particular, direciono os leitores a Michael Allen, *Sanctification*. New Studies in Dogmatics (Grand Rapids: Zondervan, 2017).

identidade em Cristo rompe com as maneiras naturais de pensar sobre a vida moral. Isso pode, por sua vez, ser colocado em diálogo com os estudos mais sistemáticos observados acima, ajudando a qualificá-los ou aprofundá-los. Mais importante, pode ser colocado em diálogo com o pensamento, o discurso e a prática visíveis na igreja hoje.

Isso identifica a presente obra como um trabalho em teologia prática, embora seja uma espécie particular desse tipo de empreendimento. É o tipo de teologia prática que é moldada imediatamente pelo envolvimento com os textos bíblicos, mas de maneira orientada para os desafios e questões contemporâneas; é uma interpretação teológica prática. Esse é o tipo de interpretação em que Lutero, Calvino e os outros pais da teologia protestante se engajaram. A leitura de Paulo por Lutero tem sido frequentemente criticada por projetar sua situação contemporânea nos escritos do apóstolo, mas, na verdade, é uma reflexão cuidadosa sobre como o ensino de Paulo possui implicações para a situação de Lutero. Enquanto os estudos bíblicos modernos geralmente estão satisfeitos com as descobertas da exegese como uma tarefa histórica (ou seja, o que Paulo quis dizer, o que ele pretendia dizer), a tarefa teológica prática considera como essas descobertas podem estar relacionadas à situação contemporânea (o que Paulo significa hoje). Isso envolve uma consciência do caráter da situação contemporânea, cujos elementos podem ser novos e estranhos aos da situação antiga, e envolve uma sensibilidade para o fato de que nenhuma parte da Escritura está sozinha. Nossa leitura de Paulo deve estar relacionada ao cânon mais amplo da Escritura e às tradições teológicas. Esses elementos podem nem sempre ser visíveis no que fazemos, pois o espaço é sempre limitado, mas eles devem informá-lo.

Como a obra é orientada para a tarefa da teologia prática e, portanto, para a vida da igreja, procurei reduzir ao mínimo as notas de rodapé sobre estudos bíblicos, para que não obstruam o estudo. Na verdade, grande parte da literatura acadêmica está realmente preocupada com dados contextuais, muitas vezes como um fim em si mesmo (ou simplesmente para demonstrar erudição), ao invés de se preocupar com dados genuinamente necessários para interpretar a passagem. Onde eu cito pesquisas bíblicas, é porque penso que são genuinamente relevantes não apenas para o estudo bíblico, mas também para as leituras pastorais do material bíblico. Além disso, por causa dessa orientação, transliterei o grego para que a obra seja legível para aqueles cujo treinamento pode não ter incluído as línguas bíblicas.

O núcleo deste livro (capítulos 2 a 6) foi originalmente apresentado como a Série de Palestras Acadêmicas Kistemaker 2018 no Novo Testamento, no Reformed Theological Seminary em Orlando. O título da minha série era "The Reformed Self in Paul" [O eu reformado em Paulo], um ensaio sobre o tema da transformação pessoal e a maneira como esse tema foi entendido em relação à união com Cristo na tradição reformada. Ao desenvolver essas palestras para publicação, pareceu importante adicionar mais algum material para contextualizar e, em seguida, concluir meus estudos. O capítulo 1 fornece uma visão geral crítica de alguns desenvolvimentos recentes nos estudos sobre Paulo e sua ética. Algumas críticas serão feitas a outros relatos acadêmicos nesse capítulo, mas, na maioria das vezes, simplesmente destacarei o que considero ser as inadequações que serão demonstradas por minhas próprias leituras nos capítulos posteriores. Alguns leitores podem querer simplesmente pular o capítulo 1, já que o material a seguir pode ser lido sem ele. Minha impressão, porém, é que o livro estaria incompleto sem ele, uma vez que esses movimentos acadêmicos são bastante influentes e seus efeitos são sentidos até mesmo em um nível popular. Como esse capítulo vai enquadrar o que se segue em relação à erudição bíblica, ele terá muitas notas de rodapé, ao contrário do restante do livro. No capítulo 2, consideraremos o que Paulo diz nos capítulos iniciais de Gálatas, relacionando isso à maneira como ele agora avalia sua maneira natural e antiga de pensar sobre sua justiça em Filipenses 3. Agora que a perversidade de seu eu natural, sua carne, se tornou visível para ele, ele reconhece que estava tratando a justiça como uma mercadoria que ele poderia possuir e acumular, adquirindo assim poder sobre os outros e sobre Deus. Agora que ele está "em Cristo", toda sua maneira de se relacionar com Deus e o mundo foi transformada e, com isso, toda a sua maneira de conceber a justiça. No capítulo 3, vamos nos concentrar no batismo como uma prática que é representada em termos de nossa união com Cristo, que é traduzida por meio da imagem de nos revestirmos dele. No capítulo 4, veremos o papel que a Ceia do Senhor (eucaristia) desempenha no relato de Paulo sobre a identidade moral cristã: na Ceia do Senhor, ocupamos e realizamos uma memória de Jesus que torna sua história nossa e, ao fazê-lo, redefine nossas relações com o mundo e com Deus. No capítulo 5, consideraremos como a santificação e a transformação são retratadas como uma luta genuína, a guerra da carne e do Espírito, mostrando como isso é representado não em termos de desenvolvimento programático, mas em termos pessoais de nos revestirmos de quem Cristo é. O capítulo 6, então, pegará essa imagem de luta e conflito e a relacionará com a esperança cristã, nossa orientação em direção a um futuro que envolverá uma transformação decisiva. O capítulo 7 oferecerá um conjunto de reflexões conclusivas dirigidas explicitamente à aplicação pastoral.

CAPÍTULO 1

O contexto acadêmico para o presente estudo

tentativas de revisar nosso entendimento da justificação e da santificação

Este capítulo delineará alguns dos debates acadêmicos sobre o evangelho de Paulo relacionados ao tema deste livro. Como observei na introdução, os leitores que não têm interesse nesses debates, ou se sentem sobrecarregados pela erudição técnica que eles envolvem, podem pular este capítulo e ir direto para o capítulo 2, onde começa minha própria leitura de Paulo. Embora o que é discutido aqui não seja essencial como pano de fundo para os capítulos posteriores, acho importante incluí-lo, por duas razões. Primeiro, alguns leitores sem dúvida encontrarão esses debates no contexto de seu próprio desenvolvimento acadêmico, à medida que são expostos a estudos críticos sobre Paulo.

Portanto, será útil posicionar minha própria leitura em relação a esse campo mais amplo. Em segundo lugar, os elementos desses debates foram filtrados para discussões mais populares, particularmente dentro do evangelicalismo, onde as ideias são frequentemente transmitidas sem a consciência de suas origens acadêmicas ou das críticas acadêmicas que foram posteriormente levantadas contra elas. Onde as ideias em questão envolvem revisão significativa do evangelho, como tradicionalmente entendido, isso pode ser altamente problemático para a vida da igreja. Em alguns casos, estudiosos evangélicos, incluindo pastores teólogos, reconheceram que esses relatos revisionistas do evangelho de Paulo eram problemáticos e argumentaram abertamente contra eles. Em outros casos, os evangélicos parecem ter abraçado as revisões, percebendo-as como corretivas importantes para as deficiências de sua tradição, cujas diminuições falei na introdução. Como ficará claro em minha própria discussão, estou menos convencido de que os relatos revisionistas são satisfatórios, embora em cada caso haja elementos importantes a serem afirmados.

Um elemento comum a muitas dessas revisões é a convicção de que a leitura de Lutero sobre Paulo – centrada no conceito de justificação pela fé – distorceu a interpretação não apenas do apóstolo, mas de todo o Novo Testamento ao longo do período moderno. A leitura de Lutero é descartada como um exercício de projeção, ou transferência inconsciente de sua própria situação e suas próprias "neuroses", nos escritos de Paulo.[1] Afirma-se que quando Paulo

---

1 Essa é, em parte, a tese de Krister Stendahl, "The Apostle Paul and the Introspective Conscience of the West." *Harvard Theological Review* 56 (1963): 199–215. Foi amplamente influente em alguns círculos de estudos paulinos.

é lido com mais cuidado histórico, tendo em mente o pano de fundo do Judaísmo do Segundo Templo, ou quando pensamos mais rigorosamente sobre a teologia da graça divina, então o modelo de justificação pela fé – pelo menos, como tradicionalmente entendido – é descoberto como algo estranho ao próprio pensamento de Paulo. Vários estudiosos eminentes do Novo Testamento recentemente defenderam a leitura de Lutero e, com ela, muito do que é considerado vital para a teologia protestante,[2] mas aquelas acusações contra os reformadores continuam a soar, e sua validade é amplamente assumida por estudiosos bíblicos.

Essa questão é importante para a tarefa do presente livro porque as abordagens revisionistas de Paulo afetam o modo como pensamos sobre a vida moral cristã. A questão pode ser colocada assim: os revisionistas afirmam que nossa maneira de pensar sobre a justificação deve ser alterada para se adequar à representação de Paulo sobre a vida cristã transformada; minha alegação é que nossa maneira de pensar sobre a vida cristã transformada deve ser alterada para torná-la consistente com a representação de justificação de Paulo. A chave é que tanto a justificação quanto a transformação são constituídas por nossa união com Jesus Cristo por seu Espírito. Aqueles que defenderam Lutero contra seus acusadores reconheceram que essa coerência estava em ação em seu pensamento, embora haja elementos nos escritos de Paulo que, a meu ver, eles continuam a ignorar muito rapidamente.

---

2 Notavelmente John M. G. Barclay, Stephen Westerholm, and Stephen Chester. Ver abaixo para mais detalhes.

A NOVA PERSPECTIVA SOBRE PAULO

O primeiro dos movimentos que precisamos considerar é a "Nova Perspectiva" sobre Paulo, que muitas vezes tem sua origem identificada na publicação de *Paul and Palestinian Judaism* [Paulo e o Judaísmo Palestino], de E. P. Sanders. Sanders contestou a suposição de que os judeus do período do Segundo Templo eram, por assim dizer, legalistas de carteirinha que ensinavam explicitamente que alguém é salvo guardando meticulosamente a lei. Examinando cuidadosamente os escritos do período do Segundo Templo e as tradições preservadas nas coleções rabínicas posteriores, Sanders argumentou que o judaísmo poderia ser amplamente caracterizado pelo rótulo "nomismo da aliança": Deus estabelece sua aliança graciosamente com os pecadores, e uma vez que eles são membros da aliança, suas vidas são reguladas pela lei, incluindo suas múltiplas disposições sobre o que deve ser feito quando os pecados continuam a ser cometidos. A linguagem conhecidamente associada ao nomismo da aliança é que a pessoa "entra" pela graça, mas "permanece" pela observância da lei, embora a própria lei acomode a imperfeição e o pecado. A crítica de Paulo aos que buscam a justiça praticando "as obras da lei" não pode, então, ser entendida como uma simples crítica às pessoas que acreditavam que seriam salvas pela obediência cuidadosa aos mandamentos de Deus e não pela graça. Em vez disso, as exortações de Paulo devem ter um significado mais específico ou matizado, compreendido apenas com referência à nova ênfase de Paulo na participação em Cristo, no estar "em Cristo". O que essa nova forma de pensar sobre a participação envolveu foi notoriamente (e com admirável honestidade) subdesenvolvido por Sanders: "Mas o que isso significa? Como devemos entender isso? Parece que nos falta uma categoria de 'realidade' – participação real em Cristo, possessão real do Espírito – que se encontra entre a especulação cosmológica ingênua e a crença na transferência mágica de um lado e uma autocompreensão revisada do outro. Devo confessar que não tenho uma nova categoria de percepção para propor aqui. Isso não significa, no entanto, que Paulo não tinha uma".³ Meu próprio estudo anterior, *Union with Christ in the New Testament* [União com Cristo no Novo Testamento], tomou isso como um ponto de partida, explorando as maneiras como essa participação em Cristo é representada em todo o Novo Testamento. Aqui podemos simplesmente observar que Sanders reconheceu alguns de seus elementos-chave, o lugar do Espírito e a revisão da autocompreensão, sem realmente saber o que fazer com eles. Ironicamente, acho que ele poderia ter encontrado categorias explanatórias se tivesse passado algum tempo lendo Lutero ou os outros reformadores.⁴

A afirmação central de Sanders, de que a graça era um conceito onipresente no Judaísmo do Segundo Templo, foi amplamente aceita, mesmo que muitas vezes tenha sido qualificada.⁵ Mas sua interpretação de Paulo foi criticada

---

3 E. P. Sanders, *Paul and Palestinian Judaism: A Comparison of Patterns of Religion* (Minneapolis: Fortress, 1977), p. 522–23.
4 Stephen Chester, *Reading Paul with the Reformers: Reconciling Old and New Perspectives* (Grand Rapids: Eerdmans, 2017).
5 Veja D. A. Carson, Peter O'Brien, and Mark Seifrid, eds. *Justification and Variegated Nomism*. 2 vols. (Grand Rapids: Baker Academic, 2001–4); Simon J. Gathercole, *Where Is Boasting? Early Jewish Soteriology and Paul's Response in Romans 1–5*

ao longo das décadas, particularmente sua afirmação de que Paulo mantinha a expectativa de um julgamento final que responsabilizaria as pessoas por suas próprias obras. Esse é, de fato, um resultado de seu modelo de nomismo da aliança: alguém "entra" no pacto pela graça, mas "permanece" pela obediência. Embora Paulo tenha redefinido a aliança com respeito a Jesus, esse modo básico de operação da aliança como algo que envolve uma obediência julgada por Deus ainda continua. Esse, creio eu, é precisamente o ponto em que as reconhecidas inadequações da tentativa de Sanders, de entender a "participação", se tornam visíveis, e minha discussão sobre Paulo neste livro ilustrará algumas dessas fraquezas. Curiosamente, no entanto, é possível ver entendimentos parcialmente semelhantes à compreensão problemática de Sanders sobre Paulo nas formas contemporâneas populares de se pensar sobre discipulado, nos quais a cruz é vista como o ponto de entrada gracioso para a salvação e o meio gracioso para lidar com o pecado subsequente, mas é o crente que é o verdadeiro responsável por obedecer depois disso, mesmo se ajudado pelo Espírito. Nós "entramos" pela cruz, mas "permanecemos" pela obediência, mesmo que precisemos voltar à cruz sempre que falhamos, da mesma forma que um judeu meticuloso que guarda a lei teria oferecido um sacrifício. Nos pontos principais deste livro, usarei a linguagem

---

(Grand Rapids: Eerdmans, 2003). John M. G. Barclay (*Paulo e o dom*, p. 494) faz a observação crucial de que "a graça está em todos os lugares da teologia do judaísmo do Segundo Templo, mas não significa o mesmo em todos eles". A conclusão reflete sua análise cuidadosa das imagens da graça/dom no mundo antigo e em Paulo.

da Nova Perspectiva para destacar essa ironia particular no pensamento evangélico contemporâneo.[6]

Aproximadamente na mesma época que Sanders, e em diálogo com seu trabalho e com as publicações emergentes dos Manuscritos do Mar Morto, N. T. Wright e James Dunn desenvolveram releituras semelhantes de Paulo. O relato de Wright foi provavelmente o mais influente, refletindo seu admirável comprometimento em escrever extensivamente para a igreja e não apenas para a academia.

Wright, com boa justificativa, repetidamente exortou os leitores a reconhecer que a Nova Perspectiva sobre Paulo é realmente uma família de abordagens, com cada representante desenvolvendo seu relato de maneiras bastante distintas.[7] Seu próprio relato está particularmente atento à qualidade social, ou horizontal, da retórica de Paulo acerca das obras: a execução das "obras da lei" parece ser tanto para agradar outras pessoas quanto para agradar a Deus. Comparando Paulo com outra literatura judaica antiga, onde linguagem semelhante é encontrada, notadamente um dos Manuscritos do Mar Morto que envolve discussões polêmica dentro do próprio judaísmo,[8]

---

6 Devo o reconhecimento dessa ironia a Mark Stirling, meu ex-aluno de doutorado, que agora desempenha um papel de liderança dentro do evangelicalismo na Escócia. Ele descreve um evento no qual ele deliberadamente usou a linguagem de "entrar" e "permanecer" em uma questão dirigida a líderes evangélicos proeminentes na América do Norte e ficou chocado por eles terem afirmado o que era efetivamente uma compreensão nomística pactual da salvação: uma vez salvo, deve-se "permanecer" na salvação pela obediência aos mandamentos de Deus.

7 Isso se reflete em seu uso do plural "Novas Perspectivas" no título de seu artigo acessível, "Novas Perspectivas sobre Paulo". Paulus...

8 O texto é designado 4QMMT. O prefixo 4Q indica que foi encontrado na Gruta 4 em Qumran, e "MMT" é um acrônimo para Miqsat Ma'ase ha-Torá: "algumas das obras da Lei". Embora a importância do 4QMMT percorra grande parte do trabalho de Wright, os leitores encontrarão um bom resumo em seu artigo "4QMMT

ele argumenta que as "obras da lei" são, na verdade, práticas de manutenção de fronteiras que distinguem pessoas que estão "dentro" da aliança daqueles que estão "fora". São práticas que distinguem visivelmente os membros da aliança dos não membros, razão pela qual possuem um caráter físico ou público (circuncisão, observância do sábado, lavagem ritual, etc.). Agora que a aliança foi redefinida em relação a Jesus, os limites devem ser vistos de forma diferente, como de fato sempre deveriam ter sido, uma vez que a aliança sempre foi destinada a trazer bênçãos para o mundo inteiro.

Sendo assim, a justificação não é sobre a imputação do crédito de outra pessoa em nossa conta, mas designa nosso status como membros da aliança. Para Wright, o problema de Lutero era que ele projetou suas objeções às práticas eclesiais contemporâneas (e aos conceitos de virtude que estavam por trás delas) na linguagem das obras de Paulo e, assim, entendeu mal o significado real centrado nas fronteiras dessa linguagem. Uma vez que isso seja reconhecido, o compromisso aparentemente sustentado por Paulo com a ideia de um julgamento futuro, no qual seremos responsabilizados por nossas obras, é facilmente explicado. O relato de Paulo sobre a justificação não minimiza ou nega a importância das boas obras ou da obediência; simplesmente as reformula em relação a Jesus, que agora define o que significa estar na aliança. Esse é o elemento que tem preocupado muitos estudiosos evangélicos, pois parece estar em conflito com as noções clássicas de graça e imputação. Entretanto, para Wright esse é

---

and Paul: Justification, 'Works,' and Eschatology.", pp. 104–32 em *History and Exegesis: New Testament Essays in Honor of Dr. E. Earle Ellis for His 80th Birthday*. Sang-Won (Aaron) Son, ed. (London: T&T Clark, 2006).

um elemento importante em um relato moral que deseja que a igreja sirva, real e efetivamente, no mundo. A comunidade que está conectada em união pactual com Cristo trabalhará no mundo para realizar os valores de seu reino e, assim, trazer bênçãos. Isso molda sua virtude distinta[9] e a liga à história do próprio Jesus, contada nos Evangelhos. O evangelho de Paulo é moldado, não estritamente por sua percepção da cruz e da ressurreição descritas no final da história do Evangelho, mas por toda a narrativa de Jesus Cristo, definida dentro da estrutura da história de Israel.[10]

Eu considero o relato de Wright, assim como o de Sanders, marcado por uma compreensão inadequada do que significa participar em Cristo, mas os problemas são bastante refinados e precisam ser rastreados com cuidado; eles não são tão facilmente identificados, como alguns críticos de Wright parecem pensar. O problema central, em minha opinião, é que Wright não dá atenção adequada ao caráter pneumático (isto é, constituído pelo Espírito) da agência cristã e como isso se relaciona com a individualidade cristã. Esse é o resultado de suas decisões mais básicas sobre a representação da salvação dentro da história bíblica, que por sua vez é afetada por decisões teológicas sobre como se deve falar sobre Deus e Jesus.

Para Wright, a participação cristã é de caráter aliancista (um ponto com o qual concordo), mas essa aliança realmente

---

[9] Sobre essa dimensão do pensamento de Wright, ver seu *Virtue Reborn*, publicado nos Estados Unidos como *After You Believe* [edição em português: *Eu creio. E agora? Por que o caráter cristão é importante* [Viçosa: Editora Ultimato, 2012]).

[10] Veja o grande estudo de Wright, *Paul and the Faithfulness of God* (Minneapolis: Fortress, 2013).

formaliza nosso relacionamento externo com Deus em relação a Jesus. Enquanto Wright leva bastante a sério a extensão na qual a identidade cristã é reconstituída em relação a Jesus – permitindo que Gálatas 2.20 desempenhe um papel central em sua interpretação de Paulo – sua descrição da moralidade cristã não lida adequadamente com a maneira como Paulo fala de Jesus, agindo nele e por meio dele e de outros crentes, através do Espírito. Em vez disso, sua descrição é moldada pela maneira como Wright concebe a participação dentro de seu modelo de controle da história bíblica. Ao comentar sobre Gálatas 2.19-20, por exemplo, ele escreve: "Paulo não está aqui contando sua própria 'experiência religiosa' como um fim em si mesmo. Ele está contando a história do que aconteceu a Israel, o povo eleito de Deus – e ele está usando a forma retórica da quase autobiografia, porque ele não contará essa história na terceira pessoa, como se fosse a história de outra pessoa, como se ele pudesse olhar de longe (ou do alto!) e apenas descrevê-la com uma objetividade distante".[11] Isso leva Wright a entender a participação principalmente em termos da *vocação* do povo de Deus nesta história, o propósito para o qual foram eleitos. Isso pode ter um certo toque de moralismo que se reflete no relato de Wright sobre o julgamento: *nós* ainda seremos julgados de acordo com o que *nós* fizemos. Essa é uma das razões pelas quais os críticos evangélicos de Wright consideraram que ele abandonou um relato adequado

---

11 Wright, *Paul and the Faithfulness of God*, p. 852. Veja também seus comentários na página 858: "[Paulo] entende essa ação como atraindo para seu ponto focal divinamente ordenado toda a história da eleição de Israel (é por isso que ele pode dizer 'a graça de Deus' no versículo 21, como uma forma adicional de se referir ao que aconteceu na cruz) e *redefinindo-a* em torno do Messias, que finalmente ofereceu ao Deus da aliança a 'fidelidade' de Israel" (grifo no original).

da justificação pela fé ao redefinir a justificação em termos vocação e verdadeira membresia na aliança. O ponto que desejo levantar aqui é que o problema é menos uma função do entendimento de Wright da linguagem de justificação e tem mais a ver com sua negligência dos elementos do relato de Paulo, sobre a vida cristã, que precisam ser explicados em termos de agência em vez de história. Para Paulo, não se trata apenas de participarmos da história do Messias através do compartilhamento de sua vocação, mas que ele está realmente presente em nós e atuando por meio de nós em um sentido imediato e pessoal.

Em minha opinião, essa negligência é, na verdade, uma função da tendência de Wright de evitar a teologia clássica e de suas identificações e categorias, particularmente aquelas das formulações trinitárias clássicas e da cristologia de duas naturezas. Seguindo a maioria dos estudiosos bíblicos contemporâneos, ele evita esses tipos de categorias em sua discussão sobre Paulo, vendo-as como o produto da teologia filosófica grega posterior, mas por causa disso, seu trabalho carece de uma estrutura conceitual encontrada nos pais (e, para esse assunto, em Lutero) que lhe permitiria falar de como o Espírito trabalha para atualizar a presença do Filho em nós. A melhor maneira pela qual posso defender essa afirmação é simplesmente buscando, em minha própria discussão ao longo deste livro, destacar as maneiras pelas quais tais elementos nos ajudam a dar sentido aos detalhes dos escritos de Paulo. Mesmo que ainda não desenvolvida nas categorias oferecidas posteriormente pelos pais, a soteriologia de Paulo leva a sério tanto a natureza divina quanto a humana de Jesus (sem dissolver a palavra "divino" em um rótulo meramente funcional) e a identidade distinta do Espírito. É importante notar, porém, que a incompreensão de Wright acerca de tais elementos em Paulo é indiscutivelmente paralela em sua leitura de Lutero. A representação de Lutero por Wright sugere que o problema do reformador era sua visão da lei e em como ela se relaciona com a justificação, mas esse tema é realmente subsidiário em Lutero para sua visão do eu. No cerne da objeção de Lutero aos relatos católicos medievais da virtude está o reconhecimento de que o eu – incluindo o *seu* eu – é desesperada e enganosamente pecaminoso e só pode ser libertado por um salvador externo a esse eu.[12] Essa não foi uma leitura erroneamente individualista de Gálatas alimentada pelo sentimento pessoal de culpa de Lutero, entre outros fatores, mas uma leitura séria da linguagem sobre a agência pessoal em Gálatas, lida honestamente por alguém disposto a mostrar essa luz para si mesmo e a seus pares.

Alguns estudos recentes consideraram mais profundamente a inadequação da leitura de Lutero sobre a Nova Perspectiva. Em vez de ver Lutero projetando seu próprio contexto e preocupações sobre Paulo, violando o sentido original do pensamento de Paulo, eles reconheceram que Lutero leu Paulo cuidadosamente e então – com igual cuidado – considerou como o ensino do apóstolo poderia ser aplicado a sua situação contemporânea.[13] Elementos da Nova Perspectiva certamente continuam a ser persuasivos para a maioria

---

12 Para algumas das diferenças entre Paulo e seus pares ou predecessores no pensamento sobre a virtude, ver Jennifer A. Herdt, *Putting on Virtue: The Legacy of the Splendid Vices* (Chicago: University of Chicago Press, 2008), p. 173-96.

13 Notavelmente Barclay, *Paulo e o dom*. Ver também Stephen Westerholm, *Perspectives Old and New on Paul: The "Lutheran" Paul and His Critics* (Grand Rapids: Eerdmans, 2004).

dos estudiosos da Bíblia, notavelmente o reconhecimento de que os judeus ampla e frequentemente compreenderam sua salvação em termos de graça e não podem ser considerados "legalistas" em termos simplistas. Entretanto, há um crescente reconhecimento de que os pontos de vista "luteranos", que a Nova Perspectiva rejeita, na verdade são as versões populares encontradas em tradições que podem ter sua linhagem rastreada até a Reforma – isto é, igrejas protestantes e evangélicas. Em outras palavras, os proponentes da Nova Perspectiva reagiram corretamente à distorção do evangelho (e à natureza de sua oposição às "obras") detectável, em grande parte, da interpretação protestante e evangélica de Paulo, mas eles estavam errados em rastrear isso até Lutero. Isso é comparável a alguém que ouve uma tentativa de tocar Beethoven em um piano dilapidado e descarta as obras originais do compositor como "dissonantes".

Se considerarmos com seriedade, novamente, a leitura de Lutero sobre Paulo – embora reconheçamos que ela é motivada não por uma avaliação da lei, mas por uma avaliação do eu como algo iludido a acreditar que é intrinsecamente capaz de adquirir capital simbólico por meio de suas próprias atividades – então podemos compreender mais prontamente como os aspectos sociais e religiosos das obras (o vertical e o horizontal, se você preferir) procedem em codependência dessa distorção básica do senso de identidade. Uma vez que compreendo que *eu* sou incompetente para fazer qualquer tipo de bem, começo a me abrir para a necessidade de outra pessoa para me ajudar, que é o reconhecimento que está no cerne do evangelho de Paulo. Esse reconhecimento nos permitirá afirmar elementos da Nova Perspectiva sobre Paulo, particularmente no que diz respeito à dimensão social das "obras da lei", ao mesmo tempo que rejeita sua crítica às noções clássicas de justificação.

A VIRADA PARA AS VIRTUDES NA TEOLOGIA E NOS ESTUDOS PAULINOS

Enfatizar a identidade e a individualidade e reconhecer que Lutero estava realmente atento a algo importante, na representação de Paulo dessas realidades, também tem implicações para o ressurgimento do interesse em abordagens baseadas na virtude à ética de Paulo especificamente e para a ética cristã de forma mais ampla. Essas abordagens afirmam a importância da identidade moral, ou caráter, e da formação pessoal, em distinção a abordagens que enfocam o ato ao invés do agente. As abordagens da ética centradas em atos consideram se uma ação específica pode ser justificadamente considerada boa ou má; as abordagens centradas no agente consideram como as ações boas ou más procedem de pessoas boas ou más. Nas teorias da virtude, o caráter moral de um agente está sujeito a processos formativos complexos que envolvem apetites e instintos, tornando-se bem ordenados na pessoa virtuosa, mas permanecendo desordenados na pessoa viciosa. A perda da "virtude" como uma categoria na ética é tipicamente atribuída ao nascimento da modernidade como uma cultura intelectual que emergiu da Reforma e do Iluminismo intimamente entrelaçados. Lutero criticou os relatos medievais da virtude pelo que ele considerou ser um reconhecimento inadequado da corrupção do eu e uma compreensão insuficientemente cristocêntrica de seu aprimoramento; o Iluminismo redirecionou todo o discurso ético para debates racionalistas sobre a validação de atos específicos.

A renovação do interesse pela virtude e pelo caráter entre os estudiosos protestantes expôs as deficiências das abordagens centradas em atos que se concentram quase exclusivamente na obediência aos mandamentos divinos ou na imitação de Jesus. Concentrar-se em tais atividades, sem conceder uma consideração mais profunda à identidade moral da pessoa que busca realizá-las, é simplesmente superficial. Tal abordagem ignora o fato de que grande parte de nossa vida é ocupada por atividades que não são reguladas pelos mandamentos divinos e que podem ser realizadas virtuosamente ou viciosamente; ignora o risco de cumprir uma obediência superficial ou exterior aos mandamentos, ao mesmo tempo que o coração do agente continua a ser egoísta, além de ignorar o complexo de apetites por trás de nossas ações e pensamentos que precisam ser tratados como parte de nosso crescimento moral.[14] O retorno à virtude, na teologia protestante e evangélica, resultou em uma mudança bem-vinda no foco em direção aos conceitos de formação e suas dimensões apetitivas.

A renovação mais ampla do interesse pela teoria da virtude teve impacto nos estudos paulinos. Alguns estudiosos recentemente prestaram atenção à influência dos relatos clássicos da virtude (notavelmente o de Aristóteles) no pensamento de Paulo. Eles notaram a maneira como Paulo fala da

---

[14] A principal obra que contribuiu para o ressurgimento mais amplo do interesse pela virtude é Alasdair MacIntyre, *After Virtue: A Study in Moral Theory* (Notre Dame, IN: University of Notre Dame Press, 1981). Dentro da ética teológica protestante, Stanley Hauerwas teve uma influência mais ampla, notavelmente seu *Character and the Christian Life: A Study in Theological Ethics* (San Antonio: Trinity University Press, 1975). Mais recentemente, James K. A. Smith fez contribuições vibrantes para a teologia moral protestante que se baseia nesta abordagem. Veja seu *Desejando o Reino: Culto, Cosmovisão e Formação Cultural* (São Paulo: Vida Nova, 2018) e *Você é aquilo que ama: o poder espiritual do hábito* (São Paulo: Vida Nova, 2017).

transformação moral dos próprios crentes e não apenas das ações que realizam, e passaram a enxergar a linguagem técnica da virtude operando em seus escritos.[15] Um pequeno número de estudiosos afirmou que o pensamento de Paulo pode ser localizado bem próximo ao estoicismo, com sua compreensão muito particular de autorregulação e formação pessoal.[16]

Embora esse interesse renovado na ênfase de Paulo sobre a identidade moral – como algo distinto da atividade moral – seja amplamente útil e, na verdade, esteja de acordo com as afirmações que faço neste livro, um contraponto precisa ser estabelecido. Por mais que Paulo possa usar a linguagem da transformação pessoal e identidade moral e por mais que ele possa extrair dos relatos de virtudes de seus dias, sua maneira de falar sobre a identidade de um crente "em Cristo" é fundamentalmente diferente de tudo que encontramos na filosofia grega.[17] Seu pessimismo a respeito da capacidade do eu natural de ser qualquer coisa diferente de idólatra e sua identificação da base para a transformação apenas em Jesus são altamente distintivos.[18] Como Stanley Hauerwas e Charles

---

15 Veja, por exemplo, Wright, *Virtue Reborn*, publicado nos Estados Unidos como *After You Believe* [edição em português: *Eu creio. E agora? Por que o caráter cristão é importante* [Viçosa: Editora Ultimato, 2012]).

16 Notavelmente, Troels Engberg-Pedersen em seu *Paul and the Stoics* (Edinburgh: T&T Clark, 2000) e em seu livro posterior *Cosmology and the Self in the Apostle Paul: The Material Spirit* (Oxford: Oxford University Press, 2010).

17 Para uma discussão bastante técnica sobre como isso se reflete no vocabulário de Paulo, veja John Frederick, *The Ethics of the Enactment and Reception of Cruciform Love: A Comparative Lexical, Conceptual, Exegetical, and Theological Study of Colossians 3:1–17* (WUNT. Tübingen: Mohr Siebeck, a ser lançado).

18 Um estudo que procura levar isso a sério, embora ainda leia Paulo em termos de virtude, é Colin D. Miller, *The Practice of the Body of Christ: Human Agency in Pauline Thought after MacIntyre*. Princeton Theological Monograph Series (Eugene, OR: Pickwick, 2014). Não estou convencido de que o estudo de Miller lida adequadamente com a personalidade distinta do Filho e do Espírito em relação à

Pinches colocaram: "Jesus de Nazaré está muito longe do homem magnânimo de Aristóteles".[19]

Para repetir isso na linguagem que já usamos neste capítulo: a teoria da virtude está preocupada em como podemos nos tornar melhores versões de nós mesmos ao ordenar nossos apetites e instintos, mas Paulo está preocupado em como nos tornamos outra pessoa. Esse ponto deve ser mantido com cuidado em todas as conversas sobre virtude e formação pessoal. Havia uma razão pela qual Lutero considerava os relatos de virtude de sua época incompatíveis com o evangelho de Paulo.

O PAULO APOCALÍPTICO, A PERFEIÇÃO DA GRAÇA E A FÉ DE JESUS CRISTO

A Nova Perspectiva e as leituras baseadas na virtude de Paulo não consideram adequadamente o papel decisivo que a identidade moral de Cristo desempenha na compreensão do apóstolo sobre a santificação cristã. Até o momento, apenas fiz essa afirmação, mas no decorrer dos capítulos 2 a 6, defenderei tal afirmação através de minha leitura de Paulo. Uma vertente diferente da erudição do Novo Testamento leva a sério o significado decisivo da identidade de Cristo – novamente em reação à deficiência percebida em relatos tradicionais de justificação pela fé – mas o faz de maneiras que também são problemáticas, tanto como uma interpretação do apóstolo quanto como um fundamento para a ética cristã. As obras que

---

identidade do crente, mas é uma tentativa bem-vinda de ler o Paulo apocalíptico em relação à ética da virtude.

19 Stanley Hauerwas and Charles Pinches, "Virtue Christianly Considered." em *Christian Theism and Moral Philosophy*. Editado por M. D. Beaty, C. D. Fisher, e M. T. Nelson (Macon, GA: Mercer University Press, 1998), p. 302.

tenho em mente normalmente colocam uma ênfase saudável tanto na importância da cristologia para o relato da salvação de Paulo quanto na centralidade absoluta da graça divina, afirmando acertadamente que a obra de Cristo em nosso favor é inteira e exclusivamente a base de nossa salvação. Mas eles passam disso para uma forma de falar da vida cristã que sugere que tanto nossa prática de fé quanto nossa *experiência* de desenvolvimento moral são simplesmente imateriais para a salvação. Isso procede de uma maneira particular de pensar sobre a graça que é fortemente moldada pela reflexão teológica, e a erudição em questão muitas vezes se vê como mais teologicamente sensível do que a maioria da erudição bíblica.[20]

As obras em questão representam um subgrupo particular dentro do que é frequentemente rotulado de escola do "Paulo apocalíptico". Esse rótulo provavelmente sugere mais consistência do que realmente existe entre os relatos oferecidos pelos vários estudiosos associados a esse grupo. Na verdade, embora eles compartilhem certas linhas rastreáveis de influência, eles estão apenas vagamente associados por sua convicção comum de que o evangelho de Paulo é definido principalmente em termos de libertação dos poderes do pecado e da morte, com a culpa e o perdão operando dentro desse esquema em vez de serem considerados como a totalidade do evangelho. Normalmente, eles entendem o evangelho como envolvendo algum tipo de participação na vitória de

---

20 Para o aspecto autoconscientemente teológico dessa abordagem, ver Joshua B. Davis e Douglas K. Harink, *Apocalyptic and the Future of Theology: With and beyond J. Louis Martyn* (Eugene, OR: Cascade, 2012); e Chris Tilling ed., *Beyond Old and New Perspectives on Paul: Reflections on the Work of Douglas Campbell* (Eugene, OR: Cascade, 2014).

Cristo sobre esses poderes e tendem a ver essa vitória como uma realidade invasiva que irrompeu na era maligna atual. O rótulo "apocalíptico" tem pouco a ver com o gênero da literatura antiga que compartilha esse nome e é, em vez disso, ligado à linguagem de Paulo sobre o evangelho sendo "revelado" (ou "apocalipticado") a ele, como em Gálatas 1.16. Essa revelação transformou a maneira como Paulo avalia sua vida passada, que agora ele vê envolvida neste mundo que é governado pelos poderes do pecado e da morte, do qual ele foi libertado. É esse novo conjunto de percepções que está por trás do relato negativo de Paulo sobre a lei; seu evangelho não é o próximo estágio no desenvolvimento do relacionamento de Deus com Israel, mas irrompe no mundo como algo radicalmente novo. A abordagem geralmente remonta a J. Louis Martyn, especialmente seu comentário sobre Gálatas, a Ernst Käsemann "Beginnings of Christian Theology" [Começos da teologia cristã] e seu influente comentário sobre Romanos.[21]

Embora os detalhes dessa abordagem possam ser questionados, particularmente aqueles relacionados à visão de Paulo da Torá ou ao gênero "apocalipse", a leitura apocalíptica de Paulo é geralmente útil para chamar a atenção para as qualidades cósmicas do evangelho de Paulo. Ele reconhece o caráter participativo de seu relato de salvação e leva a sério as implicações disruptivas de sua linguagem. Mais do que qualquer coisa, ele destaca que o conceito de salvação de Paulo

---

21 J. Louis Martyn, *Galatians: A New Translation with Introduction and Commentary* (New York: Doubleday, 1997); Ernst Käsemann, "The Beginnings of Christian Theology." *Journal for Theology and the Church* 6 (1969): 17–46. Tradução de "Die Anfänge christlicher Theologie." *Zeitschrift für Theologie und Kirche* 57 (1960), p. 162–85; Ernst Käsemann, *Commentary on Romans*. Traduzido e editado por Geoffrey W. Bromiley (Grand Rapids: Eerdmans, 1980).

nunca é apenas sobre perdão e status, mas é, inevitavelmente, sobre a libertação do poder do pecado. Ele reconhece que nem o pecado nem sua solução podem ser naturalizados, como se fossem apenas padrões negativos de comportamento a serem corrigidos, perdoados e substituídos por seus equivalentes santificados; eles só podem ser representados usando a linguagem dos poderes que são derrotados pela vitória de Jesus.[22]

Para nossos propósitos, um dos desenvolvimentos mais valiosos da abordagem apocalíptica tem sido um interesse renovado na natureza da agência divina e como ela se relaciona com a agência humana no contexto de um mundo que é percebido como saturado de poderes. Surgiram vários estudos que consideram em detalhes as evidências do mundo antigo a respeito das percepções da ação divina e humana,[23] e alguns influenciaram os principais movimentos da erudição moderna e as suposições que frequentemente fazem a respeito disso.[24] Talvez a mais valiosa dessas obras, e a que mais se alinha com os propósitos do presente estudo, seja *Paul and the Person* [Paulo e a pessoa], de Susan Eastman, que mencionamos na introdução. Eastman distintamente enquadra a questão da agência divina e humana em termos de pessoalidade e identidade, baseando-se na filosofia moderna e na pesquisa

---

[22] Para uma excelente exploração do valor teológico da abordagem apocalíptica de Paulo, veja Philip Ziegler, *Militant Grace: The Apocalyptic Turn and the Future of Christian Theology* (Grand Rapids: Baker Academic, 2018).

[23] Veja, por exemplo, John M. G Barclay e Simon J. Gathercole, *Divine and Human Agency in Paul and His Cultural Environment*. LNTS 335 (London: T&T Clark, 2006).

[24] Matthew Croasmun, *The Emergence of Sin: The Cosmic Tyrant in Romans* (Oxford: Oxford University Press, 2017), por exemplo, engaja-se intimamente com a visão de Bultmann da agência humana, que está envolvida na estrutura existencialista de seu pensamento.

científica ao longo do caminho. Isso vai além do interesse geral na agência divina e humana, que tende a se concentrar em *como* eles se relacionam ou mesmo *onde* se relacionam (ou seja, no contexto de um mundo que é influenciado pela presença de poderes bons e maus) e considera quem *somos* como agentes morais associados à presença de Cristo. A principal diferença entre sua obra e a atual não é uma questão de conclusões, mas sim da amplitude dos textos paulinos estudados e dos detalhes que surgem no processo.

Embora a abordagem apocalíptica seja amplamente útil, uma subcategoria dentro dela vai além dos elementos descritos acima para algo que redefine os termos mais básicos da fé. No caso de Douglas A. Campbell, que provavelmente é o seu exemplo mais influente,[25] o relato envolve uma distinção lógica entre formas supostamente condicionais (ou "contratuais") de pensar sobre a salvação e formas incondicionais, sendo essa última considerada como sendo mais consistentemente governada pelo conceito de graça.[26] A maneira clássica "luterana" de pensar sobre a justificação pela fé é contratual porque envolve uma condição: nós nos beneficiamos da justificação apenas se acreditarmos em algo.[27] Consequentemente, a fé que é crucial para o modelo de justificação pela fé é um tipo de obra, e o modelo deve, portanto, ser considerado inconsistente com

---

25 Notavelmente em Douglas A. Campbell, *The Deliverance of God: An Apocalyptic Rereading of Justification in Paul* (Grand Rapids: Eerdmans, 2009).

26 Isso é desenvolvido ao longo do estudo massivo de Campbell, *The Deliverance of God*, mas discussões particularmente importantes são encontradas nas páginas 64-65 e 100-105. Para uma excelente visão geral e análise do argumento de Campbell, veja Barclay, *Paulo e o dom*, p. 100-102.

27 O problema do pecado também é definido contratualmente: somos culpados porque suprimimos um conhecimento racional de Deus e não cumprimos nossas obrigações de adorá-lo.

uma afirmação completa da graça. Uma verdadeira afirmação da graça, que Campbell considera essencial para o evangelho de Paulo, impedirá qualquer forma de pensar sobre a salvação que a torne condicional a uma resposta humana, até mesmo a resposta de fé.[28] Campbell rotula seu próprio relato de "participativo" e localiza o centro da teologia de Paulo na descrição da transformação encontrada em Romanos 6 a 8 (que ele define em termos de "santificação"), mas sua maneira de falar sobre a graça divina exclui qualquer sentido de que essa transformação deve envolver qualquer resposta humana deliberada. Isso influencia a maneira como o crescimento moral é considerado: pode acontecer, mas se a graça divina realmente define nossa compreensão do evangelho, então o crescimento moral não pode ser considerado um elemento essencial da vida cristã. A lógica da graça nos impede de ver qualquer resposta humana a Deus como uma parte essencial da salvação.

Isso, é claro, requer que Campbell (e outros que seguem tal abordagem) forneçam uma explicação diferente da linguagem da fé (*pistis*) em Paulo, que evite o problema de considerá-la uma condição para a salvação. Essa explicação é encontrada no debate em torno do significado da expressão *pistis Christou* (fé de/em Cristo) em Paulo. Em princípio, é gramaticalmente legítimo entender essa construção em termos objetivos ou subjetivos: ou Jesus é o objeto da fé (aquele em quem a fé é depositada ou com quem a fé está envolvida) ou ele é o sujeito ativo da fé em questão (aquele que é fiel).[29]

---

28 Um ponto semelhante é apresentado em Richard B. Hays, *The Faith of Jesus Christ: The Narrative Substructure of Galatians 3:1–4:11*. SBLDS 56 (Atlanta: SBL Press, 1983. 2nd ed., Grand Rapids: Eerdmans, 2001).

29 Para uma visão geral do debate, veja Michael F. Bird and Preston M. Sprinkle, eds.,

A teologia clássica (não apenas a teoria da justificação) sustentou a primeira visão – de que Jesus é o objeto da fé –, mas Campbell e outros veem a frase *pistis Christou* como fé denotando a fidelidade exercida por Jesus. Portanto, quando Paulo diz que somos justificados "pela fé em Jesus Cristo", ele não está falando de nossa fé em Jesus, mas de sua fidelidade em nosso favor. Isso permite que Campbell considere *pistis* como um ato realizado por Deus, em Cristo e, portanto, a ser localizado no lado divino do relacionamento entre Deus e os seres humanos. A fé não é uma condição para a salvação que devemos realizar, mas uma ação redentora já realizada por Deus; nada do que fazemos pode alterar seu significado.

Considero isso problemático por duas razões. Primeiro, há boas evidências de que a sintaxe particular empregada na expressão "pela *pistis Christou*" é melhor entendida no sentido objetivo. Stanley Porter e Andrew Pitts destacaram que quando um substantivo principal ("fé") ocorre sem um artigo definido ("a"), mas com uma preposição controladora ("pela") e é qualificado por um genitivo ("Jesus Cristo"/"Cristo"),[30] a estrutura normalmente é lida objetivamente.[31] Isso pode ser difícil para não-especialistas acompanharem, mas basicamente o fato de que Paulo usa a expressão "pela fé em Cristo" e não "pela *a* fé em Cristo" significa que o texto seria mais

---

The Faith of Jesus Christ: Exegetical, Biblical, and Theological Studies (Peabody, MA: Hendrickson, 2009).

30 O título completo "Jesus Cristo" é usado em Romanos 3.22; Gálatas 2.16 e 3.22, mas Gálatas 2.16 também repete a construção usando apenas "Cristo".

31 Veja Stanley E. Porter and Andrew Pitts, "Πίστις with a Preposition and Genitive Modifier: Lexical, Semantic, and Syntactic Considerations in the Πίστις Χριστοῦ Debate." pp. 33–53 em *The Faith of Jesus Christ: Exegetical, Biblical, and Theological Studies*. Michael F. Bird and Preston M. Sprinkle, eds. (Peabody, MA: Hendrickson, 2009).

naturalmente lido em grego como designando Jesus como o objeto da fé em questão, aquele em quem a fé é colocada.

Se o argumento anterior é difícil de seguir, e certamente apenas os especialistas da língua grega podem julgar seus méritos, o segundo é muito mais direto: o uso, por Paulo, do vocabulário da fé, dificilmente se limita a essa expressão ou mesmo ao substantivo *pistis*. Temos que interpretar seu pensamento de uma forma que leve em consideração a variedade de maneiras pelas quais ele representa os cristãos como pessoas que praticam a "fé" de alguma forma. Por exemplo, Romanos 3.22 segue a referência a *pistis Christou* com o particípio plural "todos os que creem" (*pantas tous pisteuontas*), algo que é amplamente paralelo à Gálatas 3.22. Gálatas 2.16, entretanto, também usa o verbo finito no plural *episteusamen* (temos crido). Muitos outros exemplos e paralelos com outros verbos poderiam ser identificados, mas o ponto pode ser formado simplesmente a partir daqueles aqui apresentados: os cristãos são agentes dos verbos da fé, e isso está inextricavelmente ligado à sua justificação.

Embora a decisão de adotar uma interpretação subjetiva de *pistis Christou* seja problemática, na visão de muitos estudiosos o debate ajudou a reafirmar a importância da própria fé de Cristo como base para a realidade participativa de nossa fé. O ponto central que surgirá em meu próprio estudo é que a qualidade participativa de nossa fé, que é constituída por alguém fora de nós, não está em conflito com o significado central que Paulo atribui à atividade de crer. Podemos concordar com Campbell que a fé dos cristãos é realmente uma questão de participação na própria fé de Cristo, com a qual é "isomórfica",³² mas não podemos com isso minimizar ou negar a importância de nossa própria fé responsiva ou receptiva,³³ como o faz Campbell.

A decisão de entender a expressão *pistis Christou* como falando da fidelidade de Jesus frequentemente acompanha uma leitura de Paulo que minimiza ou mesmo descarta o significado do crescimento cristão e do amadurecimento moral. Essa rejeição é o corolário de uma ênfase exagerada na graça divina, que é entendida como não permitindo nenhuma expectativa de reciprocidade ou retorno.³⁴ Logicamente, isso determina não apenas a atitude de Deus para com aquele que creu, mas também a atitude de Deus para com todos e tudo. Caso contrário, a atitude de Deus para com eles seria dependente de suas ações, o que ocasionaria sua ira, e estaríamos de

---

32 Douglas A. Campbell, *The Deliverance of God: An Apocalyptic Rereading of Justification in Paul* (Grand Rapids: Eerdmans, 2009), p. 756.

33 Descrever a fé como "receptiva" é útil. A linguagem da graça identifica a salvação como um dom que se origina fora de nós, em cuja realização somos passivos, mas em cujo gozo não somos inertes.

34 É importante não caricaturar Campbell nesse ponto (embora sua representação dos conceitos reformados de justificação pela fé seja em si uma espécie de caricatura). Toda a tese de Campbell centra-se no conceito de transformação participativa, frequentemente rotulado de "santificação". Em uma interação crítica com Scott Hafemann, Campbell rejeita qualquer noção de que sua negação das leituras condicionais ou contratuais de Paulo acarreta uma negação da capacidade de resposta à obra de Deus. Ele afirma as respostas humanas ao evangelho enquanto nega que elas tenham qualquer significado condicional para a salvação ou o desfrute da bênção de Deus. Veja Scott Hafemann, "Reading Paul's ΔIKAIO-Language: A Response to Douglas Campbell's 'Rereading Paul's ΔIKAIO-Language.'" pp. 214–29 em *Beyond Old and New Perspectives on Paul: Reflections on the Work of Douglas Campbell*. Chris Tilling, ed. (Eugene, OR: Cascade, 2014); e Douglas A. Campbell, "Douglas Campbell's Response to Scott Hafemann." pp. 230–33 em *Beyond Old and New Perspectives on Paul: Reflections on the Work of Douglas Campbell*. Chris Tilling, ed. (Eugene, OR: Cascade, 2014).

volta a uma forma de pensar sobre Deus que não é suficientemente determinada pelo conceito de sua graça.

Essa maneira de pensar sobre a graça parece ir de encontro a muitos dos ensinamentos de Paulo. Em Romanos 1 a 4, Paulo parece enquadrar o problema do pecado em termos de uma falha idólatra em obedecer a Deus, uma falha que envolve culpabilidade e corrupção, o que sugere que Deus espera que nos conformemos com algum tipo de padrão moral que define justificação e santificação. Seu veredicto sobre nossas vidas parece estar condicionado, em certo sentido, por nossas ações. Para Campbell, isso é simplesmente incompatível com a ênfase de Paulo na graça divina, e ele é forçado a encontrar uma maneira bastante criativa de reconciliar os detalhes superficiais do texto com a suposta teologia subjacente. Paulo aqui, ele afirma, usa uma prática retórica conhecida como *discurso no personagem*[35]: naqueles pontos onde Paulo parece enquadrar o evangelho em termos que soam inconsistentes com o conceito de graça (como Campbell a entende), o apóstolo está na verdade citando uma oponente cujos termos ele rejeita. Poucos foram persuadidos por esta sugestão em particular,[36] mas a compreensão mais ampla de Campbell sobre a graça e sua rejeição da teologia da aliança mais tradicional como essencialmente contratual[37] está se provando popular e influente em alguns círculos evangélicos.

---

35 A palavra técnica para isso é *prosōpopoeia*.
36 Veja, por exemplo, minha discussão em Grant Macaskill, "Review Article: *The Deliverance of God*." *Journal for the Study of the New Testament* 34 (2011): 150–61.
37 Essa visão é fortemente dependente da análise de J. B. Torrance sobre o federalismo dentro da tradição reformada escocesa, "Covenant or Contract: A Study of the Theological Background of Worship in Seventeenth-Century Scotland." *Scottish Journal of Theology* 23 (1970): 51–76. A distinção entre aliança e contrato

Essa leitura de Paulo é influenciada por certas vertentes importantes da teologia moderna, particularmente a obra de Karl Barth (embora normalmente refratada através das lentes da "Teologia Torrance").[38] É um corpo de estudos importante e muitas vezes genuinamente perspicaz sobre Paulo que merece ser considerado seriamente e que chama a atenção para o caráter participativo do evangelho de Paulo. Embora sua decisão de entender a linguagem de *pistis Christou* como um genitivo subjetivo seja problemática, ela nos convida a pensar de maneiras mais sutis sobre como até mesmo a fé dos crentes é constituída pela pessoa de Jesus Cristo e sua relação com o Pai. Isso é algo que considerarei nos capítulos seguintes, particularmente no capítulo 6. Mas, como Barclay recentemente destacou, tal abordagem assume uma definição da palavra "graça" que vai além seu significado ou uso real. É um clássico momento de *Princesa Prometida*: "Você continua usando essa palavra. Eu não acho que ela significa o que você acha que significa".[39]

---

    e a importância que Torrance atribuiu a ela foi fortemente criticada. Veja minha própria discussão sobre isso em *Union with Christ in the New Testament* (Oxford: Oxford University Press, 2013), p. 89-92.

38 Para a relação da teologia apocalíptica em geral com Barth, veja Philip Ziegler, "Some Remarks on Apocalyptic in Modern Christian Theology.", pp. 199–216 em *Paul and the Apocalyptic Imagination*. Ben C. Blackwell, John K. Goodrich, and Jason Maston, eds. (Minneapolis: Fortress, 2016). A leitura de Campbell é distintamente moldada pela compreensão de Barth na teologia de J. B. Torrance, uma influência reconhecida em *Deliverance of God*. A influência de T. F. Torrance, particularmente nas categorias de Arianismo metodológico versus Atanasianismo metodológico discutido abaixo é reconhecida no artigo de Campbell, "The Current Crisis: The Capture of Paul's Gospel by Methodological Arianism.", pp. 37–48 em *Beyond Old and New Perspectives on Paul: Reflections on the Work of Douglas Campbell*. Chris Tilling, ed. (Eugene, OR: Cascade, 2014).

39 A fala é tirada do filme *A Princesa Prometida* e é celebremente dita por Mandy Patinkin (no papel do espadachim Inigo Montoya) em resposta ao uso repetido (e

A avaliação cuidadosa de Barclay baseia-se no conceito de "perfeição", onde um elemento dentro de um conceito particular (nesse caso, graça) é estendido além de seu significado adequado ou isolado de outras partes do conceito de uma forma que resulta em uma espécie de caricatura: "O termo 'perfeição'... se refere à tendência de prolongar um conceito para seu ponto limítrofe ou extremo, seja para uma clareza na definição, por retórica, ou ainda vantagem ideológica".[40] Esse tipo de atividade liberta uma palavra ou conceito das restrições que os controlam adequadamente no discurso, no pensamento ou em seu uso. Como Barclay indica com sua linguagem de "vantagem ideológica", esse ato pode muitas vezes fazer com que um conceito seja redefinido de maneiras distintas de seu uso tradicional ou adequado. Ele escreve: "Um modo de se legitimar como portador de uma tradição e desqualificar outras é se apropriar do 'verdadeiro' e 'próprio' significado de um conceito tradicional, de tal modo que outros não apenas sejam limitados em compreendê-lo, mas estejam fundamentalmente em erro: o que *eles* querem dizer com X é não X, uma vez que foi definido de forma particular, 'perfeita'".[41] Barclay então traça várias maneiras pelas quais certas características da

---

inadequado) do siciliano da palavra "inconcebível". Tornou-se uma espécie de meme cultural para o uso incorreto da linguagem. A frase original do livro é um pouco diferente: "'Você continua usando essa palavra!' o espanhol retrucou: 'Não acho que isso signifique o que você pensa que significa'". William Goldman, *The Princess Bride* (New York: Macmillan, 1973. 2nd ed., New York: Bloomsbury, 1999, p. 102).

40 Barclay, *Paulo e o dom*, p. 68. Barclay pega o conceito emprestado de Kenneth Burke, *Permanence and Change: An Anatomy of Purpose* (Berkeley: University of California Press, 1954), p. 292–95; e Burke, *Language as Symbolic Action: Essays on Life, Literature, and Method* (Berkeley: University of California Press, 1966), p. 16–20.

41 Barclay, *Paulo e o dom*, p. 68.

graça são "aperfeiçoadas" por pensadores particulares, levados ao ponto da caricatura, e frequentemente definido de maneiras que excluem outras características. Ele nota seis características em particular que foram aperfeiçoadas dessa forma: superabundância, singularidade, prioridade, incongruência, eficácia e não circularidade.[42]

A discussão das perfeições é uma parte importante do argumento geral de Barclay, mas quando ele a aplica especificamente a Campbell, ele observa que todas essas perfeições estão em ação, embora a última seja a mais proeminente. A definição de graça de Campbell não permite que o dom seja dado com a expectativa, por parte de Deus, de que àqueles que o recebem renderão algo a ele em troca. Isso está em contraste

---

42   Outra palavra para "superabundância" é "extravagância" (Barclay, *Paulo e o dom*, p. 71). "Por 'singularidade', quero dizer a noção de que o *único e exclusivo* modo operante do doador é a benevolência ou bondade" (p. 70-71). Barclay descreve a "prioridade" da seguinte forma: "O foco aqui está no tempo do dom, que é perfeito ao ser posto sempre antes da iniciativa do recipiente" (p. 72). Sobre a "incongruência", Barclay diz, "é normalmente enfatizado na Antiguidade que os dons deveriam ser dados generosamente, mas seletivamente; dever-se-ia ter cuidado para que o dom seja entregue a um receptor adequado, digno e apropriado... Sempre foi possível argumentar, contudo, que tal limitação do dom era menos do que completamente generosa: um dom perfeito poderia ser figurado como um dom doado sem condição, isso é, *sem dizer respeito ao valor do receptor*" (p. 73, grifo no original). A característica de "eficácia" é incluída porque "um dom perfeito também poderia ser ilustrado como o que alcança completamente o que foi designado a fazer" (p. 73). "Não circularidade" também pode ser descrito como "não reciprocidade": "É um dom definido como dom pelo fato de que foge da reciprocidade, do sistema de troca ou *quid pro quo* que caracteriza a venda, a recompensa ou o empréstimo? Como vimos, essa é a noção moderna do 'dom puro'... Essa não era uma concepção comum de dom perfeito na Antiguidade... O dom em via única não estabelece relação, cria uma dependência permanente e potencialmente humilhante e liberta o receptor de toda responsabilidade. Mesmo assim, *sua emergência na era moderna como um aperfeiçoamento da graça poderosamente encantador, identificado com 'puro' altruísmo ou desinteresse, faz disso uma importante faceta do dom aperfeiçoado* para ser posto ao lado dos outros que delineamos" (p. 75, grifo meu).

com o próprio argumento abrangente de Barclay, que vê Deus como dando o dom da salvação para aqueles que são indignos dela e incapazes de retribuir, mas que são transformados pelo dom que recebem de tal forma que respondem de forma significativa. A maneira de Barclay expressar isso é que o dom é dado aos inaptos, mas que trazem consigo uma "adequação". Crucialmente, porém, o aperfeiçoamento da graça na visão de Campbell – que na verdade se assemelha às maneiras como Marcião aperfeiçoou o conceito –[43], funciona da maneira ideológica que Barclay descreveu. Aperfeiçoando as características da graça dessa maneira, particularmente sua não circularidade, e alegando que sua maneira de pensar sobre a graça é compartilhada com os pais da tradição, notavelmente Atanásio, Campbell pode rotular aqueles de quem discorda como fundamentalmente errados. Aqueles que aderem à noção de justificação pela fé e afirmam a importância da resposta humana à graça na experiência da salvação são funcionalmente arianos, operando com um fundacionalismo[44] não examinado e uma noção contratual de salvação. Isso inclui Lutero.[45]

---

43 Barclay, *Paulo e o dom*, p. 174.

44 Campbell identifica esse fundacionalismo na suposição que ele considera estar em ação em toda a teoria da justificação – a saber, que todos podem ser considerados culpados porque têm algum conhecimento racional de Deus que suprimiram. Isso se opõe à abordagem apocalíptica, como ele defende, que vê o conhecimento de Deus como algo que vem apenas por autorrevelação divina no apocalipse constituído pela encarnação.

45 Veja Campbell, *Deliverance of God*, p. 109-32. Veja também Campbell, "Current Crisis". Os argumentos de Campbell, incluindo sua tentativa de mapear todos os estudiosos paulinos no debate Atánasio-Ário, foram fortemente criticados, com especialistas patrísticos incluídos entre as vozes que consideraram suas afirmações distorcidas. Veja, por exemplo, J. Warren Smith, "'Arian' Foundationalism or 'Athanasian' Apocalypticism: A Patristic Assessment.", pp. 78–92 em *Beyond Old and New Perspectives on Paul: Reflections on the Work of Douglas Campbell*. Chris Tilling, ed. (Eugene, OR: Cascade, 2014).

A análise de Barclay a respeito do dom e sua capacidade de trazer adequação àqueles que o recebem é um desafio importante ao relato de Campbell e nos traz de volta a Lutero, cuja leitura do evangelho é aquela que Barclay considera amplamente correta. A leitura de Lutero não é um ato de transferência ou projeção de questões contemporâneas em Paulo, mas uma aplicação cuidadosa dos ensinamentos de Paulo a sua época e a ele mesmo. Minha própria contribuição não cobrirá tal terreno novamente. Em vez disso, ofereço uma leitura atenta de algumas das passagens que falam de nossa transformação em Cristo como envolvendo uma experiência real, embora difícil, e a prática da fé como um elemento-chave em nossa participação na justiça de Cristo. Jamais podemos retribuir a Deus em espécie pelo que ele fez por nós, mas nossas orações de agradecimento e nossos atos de serviço não são imateriais para ele. Ofereço essa leitura na esperança de que aqueles que procuram corrigir algumas ênfases problemáticas nas noções modernas de discipulado não as substituam por alternativas igualmente problemáticas.

A IMITAÇÃO DE CRISTO: O QUE JESUS FARIA?

Existe mais um último movimento dentro da erudição bíblica que vale a pena ser mencionado aqui, muito mais brevemente, pois enquadra nossa leitura da teologia moral de Paulo de maneiras importantes e se assemelha a algumas maneiras populares de pensar sobre a ética cristã. Os estudos em questão enfocam a imitação de Cristo como a característica definidora da moralidade cristã e talvez sejam melhor representados pela obra de Richard Burridge.[46] Como muitos outros,[47] Burridge é sensível à maneira como "o evangelho" é frequentemente reduzido a narrativa da morte e ressurreição de Jesus, separada dos relatos de sua vida e ministério. Com base em sua pesquisa anterior sobre o caráter biográfico dos Evangelhos,[48] Burridge procura mostrar como todos os escritores do Novo Testamento desenvolvem representações da ética cristã que são moldadas pela vida e o ensino de Jesus, não apenas por sua morte e ressurreição (embora esses eventos permaneçam, é claro, fundamentais). Como os Evangelhos são biografias (ou *bioi*), eles contam a narrativa da vida de Jesus como uma representação de sua identidade; a ética cristã diz respeito principalmente a emulação ou imitação dessa identidade. Em sua análise cuidadosa dos escritos do Novo Testamento, Burridge destaca a variedade de maneiras pelas quais os escritores apontam herdeiros leitores para as narrativas biográficas de Jesus como exemplares para a vida e o pensamento cristão.

Há muito o que apreciar no trabalho de Burridge. Além da extensa análise de conexões e alusões que ligam a ética do Novo Testamento à vida de Jesus, seu trabalho destaca um tema dominante entre eles: a inclusividade. Ele sofre, no entanto, do mesmo problema que o movimento mais popular do "O que Jesus faria?": uma falta de atenção à maneira como os escritores do Novo Testamento representam a identidade

---

46 Richard Burridge, *Imitating Jesus: An Inclusive Approach to New Testament Ethics* (Grand Rapids: Eerdmans, 2007).
47 Uma preocupação semelhante conduz grande parte do trabalho de N. T. Wright, como exemplificado por *The New Testament and the People of God* (London: SPCK, 1992) e *Jesus and the Victory of God* (London: SPCK, 1996).
48 Richard Burridge, *What Are the Gospels? A Comparison with Graeco-Roman Biography* (Cambridge: Cambridge University Press, 1992).

moral cristã *principalmente* como habitação em vez de imitação. Como veremos neste livro, é porque estamos unidos a Cristo, revestidos de Cristo, batizados em Cristo e permanecemos em Cristo que também podemos imitá-lo de maneira significativa. Na ausência desse elemento central, tudo o que temos é heroísmo moral. No caso de Burridge, as imagens de participação parecem ser tomadas como representações de nossas experiências dinâmicas de comunidade cristã: "em Cristo" é realmente apenas uma forma de dizer "na igreja que imita Cristo". Isso significa que o amor cristão inclusivo é representado como a meta ou *telos* de nossa comunidade, algo pelo qual trabalhamos; quando experimentarmos ou manifestarmos isso, imitaremos de maneira significativa a comunhão do próprio Deus. Mas, como também veremos ao longo deste livro, é que a representação de Paulo, da unidade cristã, na verdade é uma questão de participação na unidade do Deus a quem estamos unidos. Não é tanto nosso *telos*, mas nossa base. Não se trata de que devemos erradicar gradualmente a desunião e a exclusão e, assim, chegar a uma melhor imitação de Jesus; mas de que a presença de qualquer desunião está essencialmente em desacordo com o que somos: em união com o único Deus por meio do único mediador.

Aqueles atraídos pela abordagem "O que Jesus faria?" podem ser atraídos para uma obra como a de Burridge, que certamente fará uma contribuição valiosa para seu pensamento, mas o conceito de imitação tem seus limites. Os exemplos morais que podem ser significativamente derivados do estudo da vida de Jesus são limitados, e muitas de nossas situações morais simplesmente não encontrarão paralelo na vida de um homem de Nazaré do primeiro século. Além disso, o próprio conceito de imitação está incluído em uma descrição mais ampla de participação, para a qual precisamos estar atentos à pneumatologia e não apenas à cristologia.

CONCLUSÃO

Este capítulo deu uma breve visão geral de alguns dos desenvolvimentos que ocorreram nos estudos paulinos nas últimas décadas. Está longe de ser exaustivo, e os leitores podem desejar que outros debates tivessem sido discutidos ou outros estudiosos mencionados. Aqueles que são tratados aqui são os que considero mais importantes no contexto do presente estudo, até porque essas abordagens se tornaram bastante influentes no nível da teologia popular.

Todas as abordagens discutidas neste capítulo trouxeram algo útil e importante para o estudo de Paulo e sua compreensão do evangelho. A Nova Perspectiva de Wright e outros corretamente desafia uma maneira excessivamente simplista de pensar sobre o legalismo judaico e como isso deve ser relacionado ao ensino de Paulo sobre justiça. As abordagens baseadas na virtude ajudaram a mudar as discussões sobre a ética cristã em direção à transformação holística do agente em uma pessoa moralmente boa. O relato da "graça total" de Campbell e outros reconhece a centralidade decisiva do evento de Cristo como um ato de iniciativa e libertação divinas. O estudo da imitação destacou até que ponto os autores do Novo Testamento direcionam seus leitores a considerar a vida e o ensino de Cristo e não apenas pensar em sua morte e ressurreição como a base para seu perdão.

Na maior parte, minhas críticas a essas abordagens simplesmente anteciparam o que direi nos capítulos que se seguem, ao nos voltarmos para o estudo de Paulo. O que podemos destacar como um fator comum em todos eles, entretanto, é que eles não lidam adequadamente com o conceito radicalmente diferente de identidade moral ou agência que está em ação nos escritos de Paulo. Eles podem trabalhar com uma visão padrão do eu como um agente moral (como faz a maioria da teoria da virtude), ou com uma descrição amplamente funcional da linguagem "em Cristo" de Paulo como designando os relacionamentos dinâmicos dentro da comunidade cristã (como fazem a Nova Perspectiva e a abordagens de imitação), ou podem absorver o cristão na ação decisiva de Cristo de uma forma que nega qualquer importância para os próprios atos de fé ou bondade do cristão (como faz a abordagem da graça aperfeiçoada). Outros estudiosos do Novo Testamento são bastante sensíveis à necessidade de falar da agência cristã em termos cuidadosamente reescritos,[49] então esse não é um comentário abrangente sobre todos os estudos contemporâneos. É particularmente uma característica dessas abordagens. Em pontos-chave nos capítulos restantes, chamarei a atenção para as diferenças entre a maneira de Paulo de representar a vida cristã (pelo menos, como eu a entendo) e essas abordagens acadêmicas. Deixo ao leitor a vigilância alerta para as maneiras pelas quais tais abordagens de Paulo têm sido introduzidas no discurso popular da igreja.

---

49 Veja Barclay, *Paulo e o dom*, p. 151. Eastman, *Paul and the Person*.

CAPÍTULO 2
Quem eu realmente sou?
A crise moral de Paulo

Permita-me começar com a declaração do que irei defender no restante deste livro por meio de uma leitura atenta das epístolas de Paulo. Essa declaração não é nova e tem sido uma parte importante do pensamento cristão ao longo dos séculos, mas sua centralidade apropriada para nosso pensamento sobre a vida moral cristã foi comprometida por décadas de enfraquecimento e declínio da teologia, especialmente no nível popular dentro do evangelicalismo. A declaração é esta:

> Paulo representa a Grande Troca que está no cerne do evangelho, por meio da qual Jesus carrega a aflição de nossa condição e nós desfrutamos da glória dele, envolvendo em seu nível mais básico uma troca não apenas de *status*, mas de *identidade*. Não é *simplesmente* que nossa culpa é transferida para Jesus e sua justiça para nós, mas que nossa posição perante Deus repousa em uma troca mais

fundamental. O que Jesus leva à cruz é *quem somos*, nosso eu com toda a sua culpa, e o que desfrutamos em união com ele é precisamente *quem ele é*, sua plenitude com toda a sua glória. A atividade do Espírito na santificação, então, não tem a intenção de produzir uma versão melhor de nós mesmos, mas de realizar em nós a identidade moral pessoal de Jesus Cristo. Qualquer relato da vida moral cristã, qualquer programa de discipulado, que não comece e termine com as palavras de Paulo: "já não sou eu quem vive, mas Cristo vive em mim", é deficiente e acabará transformando-se em uma forma de idolatria.

Essa pode ser uma declaração de abertura bastante densa e, se você estiver lutando para segui-la, continue comigo ao longo deste capítulo. Ela começará a fazer mais sentido à medida que examinarmos alguns dos detalhes dos escritos de Paulo. É importante, porém, destacar de antemão como isso contrasta com os relatos populares do evangelho, incluindo aqueles que caracterizam grande parte do evangelicalismo contemporâneo.[1] Tais relatos estão muito aquém de Paulo e das articulações reformadas do evangelho que Paulo proclamou, que se centra no conceito de união com Cristo.

O evangelicalismo popularmente opera com um relato que segue as seguintes linhas: a morte de Jesus paga por nossos pecados, leva o castigo que merecemos e permite que nos acertemos com Deus; uma vez que estamos bem com Deus, recebemos o Espírito Santo, o qual (ou talvez o

---

1 A maneira como estou usando a palavra "evangélico" e "evangelicalismo" aqui pretende simplesmente rotular a subcultura e suas formas populares, destacando que ela não necessariamente sustenta a herança teológica que está por trás dela.

"que") funciona como uma espécie de Gatorade, uma injeção de energia que dá a capacidade de viver em obediência aos mandamentos de Deus que não tínhamos anteriormente, a capacidade de evoluirmos moralmente, por assim dizer. Ainda continuamos precisando da cruz, porque mesmo nesta nova vida de obediência, continuamos a cair em pecados que precisam ser pagos, mas a transformação de nossas vidas – a santificação – é algo que vem por meio de nossa parceria moral com o Espírito.

Podemos não representar tal relato em termos tão rudes, mas nossa compreensão do evangelho frequentemente se resume a isso. O problema não é tanto que tal relato esteja errado, mas que não é certo o suficiente (o que geralmente é o problema com teologias problemáticas: muitas vezes afirmam as coisas certas, mas não de maneira suficiente, de modo que o que elas afirmam corretamente acaba ficando distorcido por sua falta de contexto ou suas ênfases desequilibradas). O problema com isso, que consideraremos ao longo deste livro, é duplo.

Primeiro, o eu cristão é representado de maneira incorreta: assume-se que "eu" sou o principal agente da obediência, mesmo que precise ser ajudado ou energizado pelo Espírito, e não leva suficientemente a sério o fato de que, na vida cristã, não há qualquer "eu", pelo menos não em termos autossubsistentes. Se começarmos com a identificação de Paulo – "Eu não vivo mais, mas Cristo vive em mim" (Gl 2.20, tradução minha) – então uma maneira muito diferente de falar sobre a vida moral cristã deve emergir, reconhecendo que eu estou sendo transformado não em uma versão melhor de mim mesmo, mas em um participante da radicalmente "outra" bondade de Jesus Cristo. Isso nos ajuda a ver o segundo problema: esse relato trabalha com uma compreensão deficiente a respeito o Espírito, visto como uma espécie de força independente de transformação, e não como aquele que realiza muito especificamente a presença moral de Jesus em nossas vidas.

Esse problema duplo envolve uma negligência funcional do lugar de Jesus, não apenas na realização do *perdão*, mas também na realização da *santificação*. Apropriadamente, o evangelho de Jesus Cristo não é apenas o ponto de entrada no reino de Deus ou o local para a recuperação dos pecados diários, mas sim a constituição do próprio reino. Em outras palavras, não é apenas *como* somos salvos; é *o que* somos salvos e o que nos tornamos dentro dessa realidade. Somos salvos "em Cristo" e em Cristo fazemos "boas obras" (Ef 2.10); isso não é feito por centros independentes de identidade, por pessoas que podem dizer "com a ajuda do Espírito posso obedecer", mas por aqueles que coletivamente dizem "Eu não vivo mais, mas Cristo vive em mim".

Um dos temas cruciais que surgirão em nossa discussão é o seguinte: qualquer outro relato da obediência cristã irá, em certo sentido, mercantilizar a justiça. Isso fará do bem algo que eu faço, com base no qual adquiro algum tipo de capital com Deus ou aos olhos do povo de Deus. Isso, veremos, é o que o legalismo faz, e seu problema não é simplesmente que ele é ingênuo em relação a quão profundamente o pecado corrompe nossas vidas e compromete nossa capacidade de obedecer – que é como o legalismo é frequentemente considerado –, mas sim que ele não entende a categoria mais básica da identidade cristã: quem somos e por que isso *deve* ser determinado pela frase "em Cristo". E é por isso que, a certa altura,

Paulo considera o legalismo um evangelho diferente, algo que é fundamentalmente subcristão: envolve uma forma de pensar sobre a atividade moral que é funcionalmente separada da presença de Jesus.

Este livro explorará o tema da identidade moral cristã, com referência particular a Paulo. Concentro-me em Paulo porque muito de nossa teologia é corretamente extraída das categorias e imagens de seus escritos. Certamente, é sempre vital que definamos qualquer texto ou corpus de escritos dentro do contexto mais amplo do Novo Testamento para que nossas teologias não sejam distorcidas involuntariamente por nosso compromisso com um "cânon dentro do cânon". Mas também é vital que procuremos estar atentos aos movimentos de pensamento de cada escritor bíblico em seus próprios termos. As epístolas de Paulo desempenharam um papel fundamental no desenvolvimento das teologias cristãs do discipulado ao longo dos séculos, e com razão: elas contêm ensino explícito e direto sobre o que significa pensar e agir corretamente à luz do que foi revelado em Jesus Cristo. No entanto, elas também foram muito mal interpretadas, especialmente em um nível popular. Eu não compartilho da opinião de que as grandes figuras da Reforma Protestante interpretaram mal Paulo, que é uma afirmação que tem sido proeminente em muitos estudos do Novo Testamento nas últimas décadas.[2] Acredito, porém, que as igrejas que ocupam hoje parte do legado da Reforma – as várias famílias de igrejas evangélicas – falharam amplamente

---

2 Essa afirmação está no cerne da Nova Perspectiva sobre Paulo, conforme representada na obra de E. P. Sanders, N. T. Wright e James D. G. Dunn. Para obter detalhes de seus trabalhos e algumas das críticas às suas representações de Lutero, consulte "A nova perspectiva sobre Paulo" no capítulo 1.

em manter o que os reformadores viram tão claramente: que cada parte de nossa esperança é constituída pela mesma realidade, por Jesus Cristo.

Neste capítulo, traçarei alguns dos movimentos centrais da teologia da identidade cristã de Paulo, principalmente procurando nos lembrar de como parte de sua linguagem é chocante, visto que foi bastante abafada por nossa familiaridade com ela. Tornou-se o tipo de linguagem que usamos sem pensar em seu real significado. Lembro-me de uma conversa com a teóloga Julie Canlis, que vem de uma tradição evangélica semelhante à minha. Ela ressaltou que poderíamos remover a expressão "em Cristo" de muitas das frases em que a usamos, em conversas ou em oração, *porque ela deixou de ser essencial para os seus significados*; nada se perderia dessas frases se removêssemos a expressão, porque ela não traz nenhum peso real em nossos pensamentos. É uma linguagem vazia, que usamos casualmente e sem pensar, da mesma forma que usamos expressões como "no final das contas" ou "para ser honesto". Nosso uso dessas expressões não posiciona deliberadamente um pensamento contra outras alternativas (ou seja, algo menos final do que "o final das contas" ou algo menos do que "honesto"); nós as usamos como simples expressões linguísticas que poderiam ser descartadas da frase sem alterar seu significado. Mas a união com Cristo não se reduz a uma expressão linguística, mesmo que ela deva ser a linguagem da vida cristã. Este capítulo, espero, mostrará que é esse o caso e trazer à tona o significado determinante que a expressão "em Cristo" tem no pensamento de Paulo.

Preciso fazer duas advertências antes de continuar. Em primeiro lugar, não estou tentando apresentar uma teologia abrangente da identidade cristã ou da santificação. Ambos são tópicos mais amplos, e o que estou falando aqui é apenas um fio deles. Considero esse fio vital, sem o qual tudo o mais se desfaz, e vou oferecer algumas reflexões adicionais sobre isso no capítulo final deste livro. Mesmo assim, porém, não procurarei dar um relato sistemático tanto da identidade quanto da santificação. Em segundo lugar, como um estudioso do Novo Testamento, vejo minha tarefa como a de chamar a atenção para os detalhes dos textos do Novo Testamento e considerar esses detalhes de maneira renovada. No entanto, essas informações devem ser definidas dentro de uma estrutura da teologia trinitária clássica. Por causa das limitações deste livro, não terei espaço para fazer isso em todos os pontos, mas quero afirmar desde o início que a negligência de tal teologia, tanto nos estudos bíblicos acadêmicos quanto no evangelicalismo popular, teve um impacto devastador sobre os conceitos de discipulado. Em pontos específicos deste livro, chamarei a atenção para exemplos particulares.

FILIPENSES 3: JUSTIÇA DESMERCANTILIZADA

Pode ser útil começar nossas reflexões ouvindo o que Paulo diz sobre como ele anteriormente via sua própria identidade e sua relação com a justiça e a mudança que ocorreu por causa de seu encontro com Jesus.

> Pois nós é que somos a circuncisão, nós que adoramos pelo Espírito de Deus, que nos gloriamos em Cristo Jesus e não temos confiança alguma na carne, embora eu mesmo tivesse razões para ter tal confiança. Se alguém pensa que tem

> razões para confiar na carne, eu ainda mais: circuncidado no oitavo dia de vida, pertencente ao povo de Israel, à tribo de Benjamim, verdadeiro hebreu; quanto à lei, fariseu; quanto ao zelo, perseguidor da igreja; quanto à justiça que há na lei, irrepreensível. Mas o que para mim era lucro, passei a considerar perda, por causa de Cristo. Mais do que isso, considero tudo como perda, comparado com a suprema grandeza do conhecimento de Cristo Jesus, meu Senhor, por cuja causa perdi todas as coisas. Eu as considero como esterco para poder ganhar a Cristo e ser encontrado nele, não tendo a minha própria justiça que procede da lei, mas a que vem mediante a fé em Cristo, a justiça que procede de Deus e se baseia na fé (Fp 3.3-9, NVI).

Algumas coisas são dignas de nota aqui. Primeiro, embora não seja necessariamente visível em toda tradução, a passagem é amplamente desprovida de verbos finitos. Geralmente encontramos cláusulas verbais ou participiais, quase funcionando como emblemas: "verdadeiro hebreu", da "tribo de Benjamim", "perseguidor da igreja". Esse é o caso até chegarmos ao versículo 7, onde encontramos dois verbos temporalmente específicos. O que "era lucro"[3] para Paulo, ele "passou a considerar"[4] uma perda (minha tradução). Alguma coisa mudou. Embora pelo menos alguns dos emblemas possam permanecer verdadeiros para Paulo e possam continuar a ser descrições válidas de sua carne (ele não pode deixar de ser

---

3 O verbo é *ēn*, um pretérito simples do verbo "ser".
4 O verbo aqui, *hēgēmai*, está no tempo perfeito, indicando que algo aconteceu para trazer um novo conjunto de circunstâncias avaliativas para Paulo. Ele agora pensa de forma diferente sobre as coisas em questão.

etnicamente da tribo de Benjamin), sua avaliação sobre eles mudou no nível mais básico, e o que levou a essa mudança foi o próprio Jesus: Paulo especifica que é "por causa de Cristo" (*dia ton Christon*) que ele passou a pensar de forma diferente.

Em segundo lugar, a passagem é densa com a linguagem de posse ou propriedade e desenvolve essa linguagem de maneiras que mudam em conformidade com a mudança de atitude que acabamos de observar. No início da passagem, por exemplo, Paulo indica que ele é alguém que tem motivos para confiar na carne (3.4). A palavra que ele usa é um particípio do verbo *echo* (ter). Podemos razoavelmente, ainda que de maneira desajeitada, traduzir isso como "possuir" ou "possuidor de": "Sou possuidor de mais". Paulo é um "proprietário" de razões para ter confiança na carne, e seu capital ultrapassa o dos outros: "Eu [*egō*] tenho ainda mais".

Mas o versículo 7 envolve uma mudança de atitude em relação a essas coisas. O que quer que Paulo tenha considerado anteriormente como tendo um valor de capital, embora um valor de capital simbólico, ele agora considera um déficit de capital: o que antes era ganho agora é perda. Surpreendentemente, no versículo 8, Paulo afirma isso ainda mais, reutilizando a raiz *echō* no particípio composto *hyperechōn* (de *hyperechō*) – a "suprema grandeza" que ele associa a Jesus. Se traduzirmos rigidamente essa palavra como "hiperpossuindo", podemos ver mais do contraste que ele faz agora: Paulo costumava se considerar como "possuindo mais" do que os outros, mas agora ele vê todo esse capital percebido em relação ao "hiperpossuir" de Jesus.

A construção é interessante: esse hiperpossuir é direcionado para "o conhecimento de Cristo Jesus, meu Senhor [*tēs gnōseōs Christou Iēsou tou kyriou mou*], por causa de quem [*di' hon*]" Paulo perdeu todas as coisas (3.8, minha tradução). Temos aqui uma construção paralela à que vimos no versículo anterior. É por causa de Cristo que Paulo agora considera seus lucros como perdas, mas agora um lugar central é ocupado muito especificamente pelo conceito do "conhecimento de Cristo". Esse genitivo é ambíguo: pode ser objetivo (conhecimento a respeito de Jesus, ou o conhecimento de Paulo sobre ele) ou subjetivo (o conhecimento do próprio Jesus ou seu conhecimento de Paulo). Certamente, em 1 Coríntios. 13.12, Paulo fala da prioridade do conhecimento divino na relação dos cristãos com o seu Senhor: "Porque, agora, vemos como em espelho, obscuramente; então, veremos face a face. Agora, conheço em parte; então, conhecerei como também sou conhecido". Aqui em Filipenses, no entanto, o contexto aponta na direção da leitura objetiva: o que Paulo prioriza é o seu próprio conhecimento de Jesus. Isso é claramente articulado no final do versículo 8, onde tendo reavaliado seus ganhos como "esterco" – na verdade, como o tipo de lixo que polui você, o torna impuro[5] – Paulo agora expressa seu objetivo em termos de ganhar a Cristo.

Quero destacar o jogo de linguagem no versículo 8 em torno da ideia de propriedade. O verbo central é o aoristo subjuntivo *kerdēsō* (definido em uma construção intencional que é sinalizada pela conjuntiva *hina*); esse é o cognato verbal ao substantivo que Paulo já usou para "ganho" (*kerdē*). O jogo é importante: onde antes Paulo se preocupava em acumular

---

5 Paulo os rotula como *skybala*, uma palavra que sugere a impureza do lixo ou mesmo das fezes.

conquistas que poderiam ser associadas a ele mesmo, a seu eu fisicamente particular, sua carne – realidades simbólicas, sem dúvida, que funcionariam como capital moral ou social – agora ele considera sua esperança residindo em adquirir uma pessoa, Jesus. Ele elabora isso com outro jogo de linguagem interessante: quando ele adquire Cristo, não é que Jesus será sua mais nova e melhor possessão, o último troféu em sua coleção, mas que ele será encontrado em Cristo, sua autossubsistência será entregue a Jesus. Espero que isso esteja claro: a expectativa normal do verbo *kerdainō* é que ele aponte para a aquisição de algo que agora é propriedade do sujeito, mas aqui o sujeito ganha algo que realmente se apropria dele. A mudança de Paulo pode ser declarada assim: eu costumava desejar que as pessoas e Deus olhassem para mim, com toda a minha particularidade física, e vissem o quanto eu possuía coisas que declaravam minha posição no reino de Deus; agora quero que olhem para mim e vejam que meu ser particular está no ser de Cristo, que o que tenho é, na verdade, o que ele tem.

Isso leva a um dos famosos versos do *pistis Christou*, 3.9, onde os estudiosos tem debatido se estamos lidando com um genitivo subjetivo, no qual Paulo fala da fé (ou fidelidade) exercida por Jesus, ou um genitivo objetivo, em que Jesus é o objeto de nossa fé.[6] Apesar de alguns defensores proeminentes da interpretação subjetiva (que de fato possui alguma validade dentro do contexto), a análise dos estudos do Novo Testamento ainda favorece a visão objetiva clássica, de que se

---

6 Para uma visão geral desse debate, veja Michael F. Bird and Preston M. Sprinkle, *The Faith of Jesus Christ: Exegetical, Biblical, and Theological Studies*. (Peabody, MA: Hendrickson, 2009). Veja também a discussão em "O Paulo apocalíptico, a perfeição da graça e a fé de Jesus Cristo" no capítulo 1.

trata de fé *em* Jesus. O fato de que a construção genitiva paralela de *gnōseōs Christou* (3.8) parece ser objetiva apoia a mesma interpretação aqui (3.9): faz sentido, contextualmente, que Jesus seja representado como o objeto da atenção de Paulo, e isso não precisa ser considerado para priorizar erroneamente um ato humano, porque ele é afirmado como parte de um jogo de linguagem em que Paulo subordina sua atividade de alcançar Jesus à apropriação final dele por Cristo.

A chave é o contraste que Paulo estabelece no versículo 9 entre sua velha maneira de pensar – que ele poderia ter uma justiça própria que "procede da lei"[7] – e sua nova maneira de pensar, onde sua justiça não é sua, mas de outra pessoa. Tal justiça chegou a ele por meio de seu relacionamento com aquela outra pessoa; é *dia pisteos Chris tou*. Agora, a justiça de Paulo – seu capital moral – não vem dele mesmo, mas de Deus[8] e vem a ele pela mediação de Jesus. O lugar da fé é afirmado nisso, pois a palavra ocorre duas vezes em sucessão próxima e em casos diferentes: a justiça de Deus vem "mediante a fé em Cristo" e "se baseia na fé" (*epi tē pistei*). No entanto, podemos relacionar essas expressões com a fidelidade de Jesus e quero reiterar que nossa afirmação contínua da doutrina da justificação pela fé não deve obscurecer a importância da fidelidade de Jesus na obra de salvação de Deus – a linguagem ressoa com a ênfase encontrada mais amplamente nos escritos de Paulo de que somos, caracteristicamente, "crentes".

---

7 A expressão que ele usa em 3.9 é *mē echōn emēn dikaiosynēn tēn ek nomou* (não tendo uma justiça que é minha e que vem da lei). O uso do possessivo é vital para o fluxo do pensamento. O que ele nega é qualquer senso de propriedade dessa justiça.

8 É *tēn ek theou dikaiosynēn*.

A partir desse propósito expresso, a maioria das traduções modernas representam o versículo 10 como se ele iniciasse uma nova frase que efetivamente reafirma isso: "Quero conhecer a Cristo, ao poder da sua ressurreição" (3.10 NVI). Na verdade, porém, o verso começa com um infinitivo articular que está no caso genitivo; isto é, parece fazer parte da mesma cadeia de genitivos que liga a justiça a Deus por meio de Cristo: a justiça é "de Deus" e "do conhecimento de Cristo". Essas não são duas fontes distintas de retidão ou mesmo partes complementares dela. Em vez disso, elas coincidem: conhecer a Cristo é ter a justiça de Deus.

A inversão de Paulo de sua velha maneira de pensar sobre a justiça como uma mercadoria que ele pode possuir continua no versículo 12, depois de ele ter falado sobre ser conformado a Cristo em sua morte e ressurreição. A linguagem que ele usa aqui é altamente sugestiva dessas inversões: "Não que eu já tenha alcançado [isso], ou já tenha sido aperfeiçoado, mas eu persigo [*diōkō*] e alcanço/me apodero [disso], porque Cristo Jesus se apoderou de mim" (minha tradução). Aqui está a inversão: Paulo agora reconhece que ele pode "se apoderar" dessa justiça somente porque o Justo, Cristo, "se apoderou" dele. O mesmo verbo, *katalambanō*, é usado para ambos. Somente porque ele é propriedade de Cristo, ele agora pode possuir justiça. O problema anterior não era que a retidão estava além de seu alcance, mas que ele simplesmente não era constitucionalmente elegível para possuí-la. Para experimentá-la, era necessário que ele fosse incorporado a Cristo. Curiosamente, a palavra que Paulo usa para sua nova busca por essa justiça é a mesma palavra que ele usou anteriormente sobre sua perseguição à igreja: *diōkō*. Paulo não está inerte em sua união com Cristo.

Sua retidão é passiva no sentido de que ele é o destinatário objetivo da bondade de outra pessoa, mas essa passividade não é o mesmo que inércia: ele busca a retidão com um zelo renovado agora que sabe que é algo que pode desfrutar apenas por meio de sua comunhão com outro.

Correndo o risco de atacar algo que já pode ser suficientemente evidente, permita-me observar que a mudança de Paulo envolveu tanto deixar de compreender a retidão como uma espécie de capital moral ou social que ele pudesse adquirir e possuir, quanto de se ver como uma entidade autonomamente capaz de adquirir esse capital. Ele agora vê a justiça como algo que pode possuir apenas se ele permitir ser "reidentificado" com outra pessoa, com Jesus. Ele agora vê que isso pode ser acumulado não por fazer coisas ou ser um tipo particular de pessoa, mas apenas por conhecer alguém e ser conhecido por essa pessoa.

Agora, essa articulação da velha maneira "legalista" de Paulo de pensar sobre a justiça em relação à sua nova maneira não é exatamente a mesma que nossas formas padronizadas de pensar sobre o problema do legalismo. Normalmente descrevemos o problema do legalismo ou da "justiça de obras" em termos de um balanço patrimonial: o legalista pensa em termos de uma obediência aos mandamentos que o manterá em crédito com Deus, não reconhecendo quão profunda é sua incapacidade de cumprir tal obediência. Há uma questão real sobre se algum judeu do período do Segundo Templo alguma vez foi um legalista de carteirinha nesses termos. Além de qualquer outra coisa, tal compreensão funciona com um modelo econômico de conta bancária que era inteiramente estranha para a maioria das pessoas naquela época, para quem o dinheiro era uma parte limitada de sua riqueza (se é que possuíam qualquer riqueza) e de suas interações econômicas. A imagem mental que usamos hoje é, na verdade, uma maneira moderna, pós Adam Smith, de pensar sobre a riqueza individual e o crédito em uma economia. A linguagem do capital ou mercadoria que estou usando permite algo que é igualmente real, mas menos limitada a um conjunto particular de práticas econômicas modernas. Reconhece que existe o capital simbólico ou social, que está associado à percepção do nosso estado não apenas perante Deus, mas também nas várias comunidades em que vivemos e operamos. Não é tão simples quanto uma planilha de crédito, já que alguns dos elementos não podem ser facilmente quantificados, mas dentro de uma determinada comunidade, dirá se você faz parte da comunidade ou não e onde você pode se classificar dentro do grupo. Isso afetará a forma como os outros o tratam e como você se beneficia dessas interações. Alguém que tem altos níveis de capital social gozará do favor (e talvez dos favores)[9] dos outros, visto que essas pessoas procuram se beneficiar desse capital

---

9   Essa noção de honra e sua associação com o capital simbólico tem sido um elemento proeminente no estudo científico-social do Novo Testamento, que se baseia fortemente na disciplina da antropologia social. Veja Bruce Malina, *The New Testament World: Insights from Cultural Anthropology* (Atlanta: John Knox, 1981), cap. 1. Recentemente, John Barclay (*Paulo e o dom*) baseou-se no estudo antropológico do dom em seu exame do relato distintivo de Paulo sobre o dom divino da salvação. Ao contrário de nossas suposições modernas sobre o que os presentes são e representam, Barclay e os historiadores/antropólogos que ele utiliza destacam que os dons foram (e são!) dados como parte de uma economia de favores a pessoas que poderiam retornar um favor de alguma forma em um estágio posterior. Isso pode ser tão significativo para o funcionamento social quanto para uma economia monetária e, na verdade, mais significativo no dia a dia em economias fora do mundo desenvolvido moderno. Crucialmente, essas economias do dom envolvem decisões constantes, mas muitas vezes tácitas, sobre o mérito ou o valor da pessoa a quem o dom é dado. Seu capital social ou capital simbólico está sempre sendo avaliado.

por associação. É essa percepção de capital social que rege a dinâmica dos grupos de ensino médio e grupos de amigos; é a mesma percepção que torna algumas pessoas influentes. Em algumas culturas e economias, é explícito; em outras, é tácito. Há, além disso, uma indefinição das audiências encarregadas de avaliar nosso capital performativo: podemos realizar algo e acreditar que esse algo que fizemos teve a intenção de agradar e honrar a Deus e podemos estar absolutamente convencidos de que foi prestado a ele como um serviço, mas na realidade o público que nos avalia pode ser humano. A audiência para a qual tocamos pode ser preenchido com outras pessoas.

A preocupação farisaica com práticas "distintivas" (ou "manutenção de fronteiras") como lavagem ritual, circuncisão ou pureza da mesa é facilmente explicável dentro de tal abordagem: no contexto de um judaísmo altamente diversificado, essas práticas extremamente públicas nos permitem identificar o membro, o verdadeiro judeu, daquele que é de fora, o judeu cuja conduta é questionável com relação à lei. O zelo de Paulo em perseguir a igreja, entretanto, pode ser particularmente notável, marcando-o como alguém que merece um nível de deferência dentro da comunidade farisaica.

Mas para que essa dinâmica funcione, deve haver alguma percepção de que o eu em questão pode adquirir status ou capital contra seu próprio nome. Se essa suposição for quebrada e a pessoa reconhecer que agora ela é identificada pelo nome de outra pessoa – o nome da pessoa na qual foi batizada – então todo o esforço é alterado. Se levarmos a sério que tudo o que realizamos realmente pertence ao nome de outra pessoa e que tudo que desfrutamos é em função de *sua* riqueza e não nossa, então a dinâmica de nossa identidade social mudará de maneira correspondente.

GÁLATAS 2.20 E O CONTEXTO: IDENTIDADE INCORPORADA

A partir de nossa discussão sobre Filipenses 3, podemos agora nos voltar para Gálatas 2.20 e seu contexto mais amplo. A carta, é claro, está preocupada com um movimento na igreja da Galácia que está pressionando por uma forma particular de adesão à lei e seus costumes. Embora possa haver debates sobre o que exatamente isso implica, não há dúvida sobre o problema básico. A condenação de Paulo ao movimento exclui qualquer sensação de que estamos lidando com meras diferenças de opinião sobre este ou aquele assunto: esse é "um outro evangelho" (Gl 1.6). Paulo é rápido em qualificar esse comentário, dizendo que há realmente apenas uma coisa que pode *verdadeiramente* ser rotulada como o *euangelion*, mas ele continua alertando sobre a pregação de um relato da salvação que é diferente deste: "Mas, ainda que nós ou mesmo um anjo vindo do céu vos pregue evangelho que vá além do que vos temos pregado, seja anátema" (Gl 1.8). Paulo chama isso de um evangelho diferente porque tem como premissa algo diferente, e eu quero destacar como Paulo representa essa diferença básica de premissa como uma questão de identidade: não é apenas sobre o que fazemos ou como fazemos, mas sobre quem nós somos e como nos concebemos.

O versículo chave aqui será Gálatas 2.20, mas existem alguns detalhes a serem observados que serão úteis no desenvolvimento do argumento. Em primeiro lugar, ao apresentar o relato autobiográfico que dominará os dois primeiros capítulos da carta, Paulo deixa explícito que busca agradar não às pessoas, mas a Deus e que sua mensagem não se origina nos contextos humanos, mas foi revelada a ele na revelação de Jesus Cristo. Isso reconhece a dimensão humana e social do problema que discutimos quando examinamos Filipenses: Paulo contrapõe sua mensagem à de seus oponentes precisamente com base em sua origem fora dos círculos da comunidade piedosa. Isso nos convida a pensar sobre o problema que ele aborda não como algo exclusivamente ou mesmo principalmente voltado para Deus, que são os termos com os quais muitas vezes descrevemos o legalismo, mas como algo regido mais pelas convenções sociais, pelo modo como aqueles que nos rodeiam pensam sobre nós e como pensam sobre o que significa ser um membro ou um não membro da comunidade santa. Em segundo lugar, o que Paulo opõe ao falso evangelho é precisamente uma autobiografia, uma narrativa de sua experiência e sua contribuição para sua identidade. Gálatas 1.13-14 relata algo do que ele via como seu capital social em sua vida anterior na comunidade judaica, uma breve descrição que podemos extrair de nossa discussão sobre Filipenses. Na verdade, é interessante que sua descrição de seu progresso seja especificada como "no judaísmo" (*en tō Ioudaismō*). Esse é um dos poucos pontos na literatura antiga onde essa palavra aparece, e seu uso aqui aponta para a dimensão social e humana de seu progresso. É mais como alguém dizendo: "eu progredi no cristianismo" ou (talvez melhor) "no evangelicalismo": aponta para a cultura e a sociedade da religião, mais do que para o seu conteúdo. Mas essa narrativa de progresso e avanço social que Paulo contava a si mesmo em sua vida anterior é interrompida pela revelação do Filho: Paulo não vê *algo*, mas *alguém* que o transforma, e depois disso nada pode permanecer o mesmo.

Dado o que acabamos de observar, Paulo descreve a si mesmo como efetivamente se esquivando do conselho de outras pessoas de carne e osso; ele se ausenta da contribuição de uma comunidade religiosa. O que se segue é uma narrativa que continua a afirmar o perigo de buscar agradar às pessoas: até Pedro (Cefas, Gl 2.11) é desafiado por sua hipocrisia (2.13) de "não andar de acordo com a verdade do evangelho" (2.14, tradução minha) enquanto ele age por medo do partido da circuncisão (2.12). É notório que aqui Paulo se preocupa com um legalismo "funcional": são ações e práticas que contradizem o evangelho, não necessariamente articulações teológicas da visão de que seremos salvos pelas obras. Isso nos leva de volta a um ponto que já referi várias vezes: o legalismo não é necessariamente um compromisso de carteirinha e de princípios com a ideia de que alguém será salvo por suas obras. Em vez disso, é uma forma de pensar e agir que busca capital religioso.

Uma das características facilmente esquecidas dessa autobiografia é a frequência com que a primeira pessoa do singular é usada: a narrativa está cheia de referências a "eu" (mesmo que essas sejam encontradas nas terminações dos verbos, em vez de em pronomes – há, de fato, apenas alguns poucos lugares onde esse é o caso). Isso não é auto exaltação por parte de Paulo, e nem é apenas uma característica do caráter autobiográfico do texto. Em vez disso, acredito que esteja sendo construído deliberadamente em direção ao que Paulo diz em 2.20: "Eu não vivo mais, mas Cristo vive em mim" (minha tradução). Tendo usado a primeira pessoa ao longo da narrativa, ele agora diz: "Mas não há um 'eu' a ser referido, pelo menos não em termos simples". Lido dessa forma, o versículo 20 é uma espécie conclusão para a autobiografia que foi recontada ao longo da carta.

Antes de chegarmos a esse ponto final, no entanto, Paulo adiciona uma peça-chave de discussão, que pode (ou não) reproduzir parte de sua conversa com Pedro. Ele afirma o que parece ser uma crença comum sustentada por ambos:

> Nós, judeus por natureza e não pecadores dentre os gentios, sabendo, contudo, que o homem não é justificado por obras da lei, e sim mediante a fé em Cristo Jesus, também temos crido em Cristo Jesus, para que fôssemos justificados pela fé em Cristo e não por obras da lei, pois, por obras da lei, ninguém será justificado (Gl 2.15-16).

O versículo seguinte (17) deixa claro que continuará a haver pecado, mesmo naqueles que são justificados em Cristo, e que isso de forma alguma torna Cristo um servo do pecado. A persistência do pecado, entretanto, parece ser um fator que leva ao surgimento de um grupo que defende um certo modo de obediência à lei. Pelo menos, é o contexto da próxima declaração de Paulo, que realmente nos leva ao cerne das coisas: "Porque, se torno a edificar aquilo que destruí, a mim mesmo me constituo transgressor. Porque eu, mediante a própria lei, morri para a lei, a fim de viver para Deus. Estou crucificado com Cristo (Gl 2.18-19). Agora estamos chegando perto do ponto: uma morte ocorreu por meio dos processos construídos sob a lei que resultou em uma nova relação com a lei.

De maneira notável, essa morte é a morte do próprio Paulo: "Eu [...] morri". Isso é o que então se desdobra em nosso versículo-chave: "Estou crucificado com Cristo; logo, já não sou eu quem vive, mas Cristo vive em mim; e esse viver que, agora, tenho na carne, vivo pela fé no Filho de Deus, que me amou e a si mesmo se entregou por mim" (Gl 2.19b-20). Então Paulo morreu, mas essa morte aconteceu por meio de sua união com Jesus e da participação correspondente na própria morte de Cristo. Dentro de sua compreensão do evangelho, a morte de Cristo não é apenas representativa, pois ele carrega a culpa do pecador e toma o lugar do pecador, mas é incorporativa, e o que é incorporado é o próprio Paulo. Na medida em que participa também da ressurreição, o mesmo Cristo com quem morreu vive agora nele como uma nova realidade que habita a sua carne. Sua própria carne, então, não mais define os limites de sua existência ou constitui o verdadeiro contorno de seu eu; ele está em Cristo e Cristo está nele.

Nas Terras Altas da Escócia, onde cresci, existe uma expressão coloquial que costuma ser usada em resposta à pergunta "Como vai você?". A resposta comum é "Você está vendo". Essa expressão indica que o que você vê diante de você, esta carne, sou eu, e você pode ver com seus olhos como eu sou. O que Paulo quer dizer é que o que você vê com os olhos quando olha para o corpo físico dele não é "isso"; há mais, e as possibilidades e objetivos de sua vida são agora definidos por *aquela* realidade e não pelos limites do amontoado de matéria que um dia ele considerou ser a totalidade de Paulo e como digno de todos os seus esforços. Não é que não exista mais "Paulo"; ele ainda usa a primeira pessoa do singular em todo esse relato autobiográfico, ainda se vale de todas as habilidades que adquiriu ao longo de sua vida no judaísmo e ainda escreve aos gálatas como "Paulo, o apóstolo". Mas Paulo agora é Paulo-em-Cristo; o Paulo-em-si-mesmo é uma realidade do passado. Podemos até traduzir Gálatas 2.20 como "Eu vivo, embora não eu, mas é Cristo quem vive em mim".[10]

Imediatamente depois, Paulo começa a falar sobre o Espírito, e fala de uma forma que destaca o Espírito como um marcador particular de salvação: "Quero perguntar apenas isto para vocês: vocês receberam o Espírito pelas obras da lei ou pela fé no que ouviram?" (Gl 3.2, tradução minha). Esse é um versículo denso e importante. Paulo enfoca a realidade do Espírito (e, novamente, observe que ele está falando para pessoas que *receberam* o Espírito, não para aqueles fora da comunidade da salvação) e pergunta se o Espírito veio pelas "obras da lei" ou do "ouvir da fé". Traduzo essa última expressão desajeitadamente, mas literalmente, porque quero trazer à tona sua força: às vezes é traduzida como "pela fé naquilo que ouviram" ou como "pregação da fé", mas penso que essas traduções mascaram a natureza do contraste. A palavra que traduzi como "ouvir" é *akoē*; obtemos nossa palavra "acústica" dessa raiz. É um substantivo que designa algo que foi ouvido; normalmente não o usaríamos para uma mensagem que foi escrita e lida, mas para uma que ouvimos. Podemos até traduzi-la como "a acústica da fé", uma vez que está ligada ao genitivo do substantivo *pistis*.

O elemento crucial é que existem duas maneiras diferentes de se relacionar com a realidade mencionada nas duas partes contrastantes dessa questão: você recebe o Espírito

---

10 O grego subjacente de 2.20 é *zō de ouketi egō, zē de en emoi Christos*.

sendo um executor das obras da lei ou sendo ouvinte da acústica da fé? Aqui está o ponto sutil: o primeiro faz de você o agente principal (o executor das obras da lei), e o outro o torna alguém que se apropria da performance de outrem (aquele que escuta a acústica da fé). Um faz de você o dono do que é realizado, o dono dos atos justos; o outro faz de você um beneficiário da virtuosidade de outra pessoa.

Paulo, então, está perguntando efetivamente: Você adquiriu o Espírito, ou recebeu o Espírito, ao ouvir o que outra pessoa fez ou está fazendo? Isso leva a outro contraste: "Se vocês começaram com o Espírito [que vocês receberam pelo ouvir a fé], vocês agora estão terminando com a carne?" (3.3, tradução minha). Vocês "entraram" crendo e recebendo o Espírito; "será que vocês são tão insensatos?" (3.3a) que pensam que "permanecerão" e terminarão de uma maneira diferente,[11] voltando à velha maneira de pensar que *vocês* são os agentes principais, que é sobre seu desempenho, realizado por sua carne?

Faça uma pausa e reflita sobre o público de Paulo e suas afirmações sobre eles. Ele não está escrevendo para judeus não convertidos ou para alguém que possa dizer: "Do início ao fim, somos salvos por obedecer à lei". Ele está escrevendo para pessoas que entraram na salvação crendo e que receberam o Espírito, e está dizendo a elas: "Sua teologia sobre como alguém 'entra' está correta, mas sua teologia sobre como alguém

---

11 Minha linguagem aqui ecoa deliberadamente a famosa terminologia de Sanders e a Nova Perspectiva e o faz a fim de destacar as semelhanças irônicas entre essa maneira de descrever as atitudes judaicas em relação à graça e aquelas de grande parte do cristianismo contemporâneo, onde estamos felizes em falar em entrar no reino por meio de Cristo, mas permanecer no reino por meio de algo que fazemos por obediência rigorosa. Veja a discussão no capítulo 1, "O contextos acadêmico para o presente estudo".

permanece está errada, precisamente porque não reconhece que o evangelho define a vida no reino da mesma forma que define a entrada nele. Você 'entra' e 'permanece' através da participação na mesma realidade: Jesus Cristo, conhecido através da fé naquilo que ouviram, presente pela obra do Espírito". Tudo o que foi dito acima, Paulo direciona aos cristãos "nascidos de novo", evangélicos que inicialmente receberam o evangelho pela fé. Tal mensagem, portanto, tem a capacidade de ir ao cerne do evangelicalismo hoje.

Paulo continua contando onde a lei está apropriadamente localizada dentro do alcance da obra redentora de Deus e onde a morte de Jesus está localizada com respeito à lei. Por uma questão de espaço, deixarei de lado essa parte do material, simplesmente observando sua ênfase de que a lei tinha (e tem) uma função particular de disciplinar e condenar, e que antes da vinda de Cristo, o povo de Deus vivia sob ela ao mesmo tempo que eram também escravizados aos princípios elementares do mundo. Consideraremos essa linguagem com mais profundidade no capítulo 3. Aqui, quero simplesmente observar que Paulo representa o evangelho como envolvendo dois envios inseparáveis. Quando chegou a plenitude dos tempos (4.4), Deus enviou seu Filho, nascido nas mesmas condições que outros seres humanos – nascido de mulher, nascido sob a lei – para redimi-los dessas condições (4.5): os menores tornam-se herdeiros, adotados como filhos de Deus. Esse envio está causalmente conectado (pela conjunção *hoti*) ao envio correspondente do Espírito aos nossos corações (4.6): é "porque vocês são filhos" que Deus enviou o Espírito.[12]

---

12 A designação de gênero do termo "sons" [filhos] deve ser mantido na tradução, ao

Observe também, porém, algo que podemos negligenciar muito rapidamente: o Espírito é especificado como sendo "o Espírito de seu Filho" (*to pneuma tou hiou autou*), e ele gera uma correspondência entre nosso 'eu' e o 'eu' do Filho – por ele clamamos "Aba, Pai". Não estamos aqui imitando Jesus, mas participando dele e de seu relacionamento único com o pai. Somos, para usar a linguagem que Paulo emprega em 3.26-27 (alt.), "filhos de Deus mediante a fé" que se "revestiram de Cristo" em nosso batismo. Essa declaração leva a uma descrição da comunidade de fé que muitas vezes é privada de seu significado real: "Não há mais um judeu ou um grego, não há mais uma pessoa escrava ou uma pessoa livre, não há mais um homem ou uma mulher; porque todos vocês são um em Cristo Jesus" (Gl 3.28, tradução minha). Acrescentei artigos indefinidos à tradução normal do versículo. Essa é uma tradução válida do grego, e ajuda a trazer à tona a sensação de que essas particularidades ainda estão presentes, mas que estão inseridas em uma realidade maior que constitui uma identidade mais básica, compartilhada por todos os participantes: todos vocês são um em Cristo. Pode-se imaginar Paulo dizendo isso em uma sala cheia de uma variedade de pessoas (algumas das quais podem estar tacitamente avaliando e julgando outras) e apontando para cada pessoa: um judeu, um grego, um escravo, uma pessoa livre. As diferenças não são obliteradas, mas não são mais consideradas os elementos mais básicos da identidade.

---

invés de usar o gênero neutro "children" [crianças] (embora Paulo mude para usar a última palavra em certos pontos em Romanos 8, como veremos no capítulo 6) porque nosso relacionamento filial com Deus é uma participação no relacionamento do Filho com seu Pai.

O que estou buscando destacar é o seguinte: a mudança que ocorre no evangelho é representada por Paulo em termos de identidade, de quem somos. Somos redefinidos, reidentificados, através de nossa incorporação em Cristo. Esta é a base para sua justiça sendo imputada a nós; não é uma transação que ocorre entre as partes externas, Jesus e o Pai, mas uma incorporação a uma pessoa cujo relacionamento com Deus é perfeito. E o Espírito que habita em nós não é uma infusão energizante de poder; ele é muito especificamente o Espírito de Cristo, que torna sua bondade uma realidade em nossos membros. A entrada no reino e a identidade moral *dentro* do reino são ambas definidas e constituídas pela identidade de Jesus. O mesmo evangelho rege ambas as realidades.

Não podemos, então, pensar na vida moral cristã como algo que "eu" faço, auxiliado em algum sentido pelo Espírito. É algo realizado por Cristo-em-mim; ele é o sujeito ativo de meus verbos de obediência tanto quanto eu. Assim que perdemos isso de vista, nos movemos em direção a uma maneira de pensar sobre a justiça que mercantiliza a obediência, a torna algo que eu alcanço e acumulo, ao invés de algo que habito à medida que habito em Jesus. E, no entanto, é exatamente isso que acontece amplamente no pensamento evangélico hoje, exacerbado em alguns círculos pela tendência de isolar a realeza (ou reino) de Jesus de seu contexto mais amplo de união com Cristo. Jesus é representado como aquele a quem devemos obedecer, cujo reino devemos proclamar ao mundo e refletir em nossas próprias vidas. Isso é bom, mas é apenas uma parte da verdade, pois não podemos render obediência a Jesus, o rei, a menos que sejamos revestidos de Jesus, o servo.

CONCLUSÃO

Este capítulo lançou algumas bases para o resto do livro, chamando a atenção para a maneira como Paulo representa a identidade moral cristã como "em Cristo". Esboçamos alguns elementos que desenvolveremos em capítulos posteriores e indicamos alguns pontos cujo significado ainda precisa ser explorado. Permita-me pontuar algumas conclusões iniciais.

Primeiro, deveria ser óbvio que quaisquer esforços para "resolver" ou "consertar" problemas morais dentro da igreja, que são baseados em *nosso* desempenho de certas atividades, negligenciam a questão básica da identidade que precisa contextualizar quem "*nós*" somos em Cristo. Com isso, não estou dizendo que não haja espaço para o esforço moral cristão ou para a formação de bons hábitos cristãos, mas que isso deve ser feito com a devida consciência de que "não sou eu quem vive, mas Cristo vive em mim". Por exemplo, a rotina de ter um momento de silêncio diário é algo bom, mas não se for considerado um fim em si mesmo.

Em segundo lugar, e conectado ao primeiro, fomentar a identidade moral cristã não é, primariamente, incutir bons hábitos ou estabelecer normas que marcam nossa comunidade, mas sim fomentar o senso de quem Cristo é em nós e de quem somos em Cristo. Essa, acredito, é uma das razões pelas quais os sacramentos do batismo e da Ceia do Senhor são tão importantes dentro no Novo Testamento e frequentemente usado por Paulo com propósitos morais. Nossos próximos dois capítulos considerarão isso com mais profundidade, mas aqui podemos simplesmente dizer que a tarefa de formar a identidade moral cristã não é dizer "não manuseies isto, não proves aquilo, não toques aquiloutro" (Cl 2.21), mas sobre ajudar os crentes a saber o significado de ser batizado na morte de Jesus e unido a ele em sua ressurreição. A identidade moral cristã é formada quando rotineiramente proclamamos uma memória comemorativa de uma morte terrível.

Terceiro, esses elementos não são adicionais à salvação ou justificação, mas pertencem ao mesmo ato de identificação pelo qual a justificação é realizada. A justiça que Paulo passa a ter como seguidor de Cristo envolve uma noção classicamente concebida de justificação pela fé. Mas é vital reconhecer que o que está em jogo não é apenas um nível de justiça que não podemos alcançar por nós mesmos, mas todo o nosso modo de relacionamento com o que chamamos de "justiça". A retidão não deve mais ser concebida como algo que qualquer crente possuirá como uma forma de capital que adquiriu por meio de descendência étnica ou esforço próprio; em vez disso, agora é visto como algo de que gostam por meio de sua identificação com outra pessoa.

Nossa linguagem teológica de "imputação" é na verdade uma maneira de falar sobre um modo de aquisição que se origina fora de nós mesmos. O ponto para nós é que Paulo vincula essa aquisição ao conceito de individualidade: porque estamos "em Cristo", sua justiça se torna nossa. A imputação é, se você preferir, um corolário da implantação. O que isso significa para a justiça que se manifesta na transformação de nossas vidas cristãs é que ela procede não de uma infusão de nova energia espiritual, mas de nossas novas identidades constituídas em união com Jesus Cristo. Talvez seja útil considerar alguns dos clichês que frequentemente usamos na vida cristã. Advertimos acertadamente contra o perigo de procurar fazer algo "por nossas próprias forças", orientando as pessoas a "confiar em Deus". Mas, se essas advertências não forem consideradas com cuidado, podem soar como se apenas precisássemos de alguma ajuda, uma injeção de energia de fora que aumentará nosso déficit de força. É por isso que sugeri que nossas maneiras populares de pensar sobre o Espírito muitas vezes o entendem como funcionando como um suplemento de energia. Isso, coincidentemente, era como o Espírito era amplamente representado em algumas das teologias medievais da virtude que subscreviam o conceito de "graça infundida"; ironicamente, grande parte da teologia protestante contemporânea possui uma noção do Espírito que é bastante semelhante. O antídoto é uma ênfase correta na linguagem da união com Cristo: é a presença de Cristo, por seu Espírito, que traz mudança em nossas vidas.

CAPÍTULO 3

Batismo e identidade moral

revestindo-nos em Cristo

Neste capítulo e no próximo, consideraremos a maneira como Paulo usa as práticas simbólicas centrais da comunidade cristã, que tipicamente rotulamos de "sacramentos", para definir e nutrir a identidade moral cristã. O tema que percorrerá ambos os capítulos é que Paulo se baseia repetidamente no simbolismo e no significado dos sacramentos para traduzir a identidade cristã e frequentemente passa desse simbolismo para aplicações específicas de como os cristãos devem viver e agir. Em vez de impor um programa de discipulado e desenvolvimento, Paulo desafia seus leitores a refletirem sobre o real significado dos sacramentos dos quais participaram ou dos quais foram testemunhas. Esse significado diz respeito à sua participação na identidade de Jesus Cristo, constituída pela sua união com ele e pela atividade do Espírito para realizar essa identificação participativa.

No próximo capítulo, consideraremos a Ceia do Senhor como um ato de lembrança participativa que se repete na vida do cristão. Neste capítulo, consideraremos o batismo como o rito de iniciação da identidade cristã, pelo qual somos redefinidos como aqueles que se revestiram de Cristo. Essa ênfase pessoal é vital para o significado do sacramento.

Paulo em nenhum lugar descreve a *prática* real do batismo; o mais perto que chegamos disso é o comentário que ele faz em 1 Coríntios 1.14-16, onde ele indica que pessoalmente só se lembrava de ter batizado Crispo e Gaio em Corinto. Ele faz esse comentário a fim de enfatizar que não foi em seu nome que alguém foi batizado; ele está grato por qualquer percepção desse tipo se limitar a essas duas figuras. Sem entrar em detalhes sobre isso, o comentário reflete a estreita associação entre o ato do batismo e "o nome". Somos batizados *eis to onoma*, "em [ou, no] nome". O nome em questão às vezes é especificado como o de Jesus, mas no final de Mateus também é especificado como o "nome do Pai, e do Filho, e do Espírito Santo" (Mt 28.19). Alguns veem essa linguagem simplesmente como especificando que esse é um "batismo de Jesus", em vez de uma lavagem ritual associada a outra figura cujo nome pode ser invocado em algum momento.[1] Outros veem a linguagem como uma indicação de transferência de propriedade para Jesus. Nenhum desses entendimentos realmente articula o forte senso de identificação com Jesus que o batismo gera. Para enxergarmos isso, precisamos sondar as imagens associadas, particularmente o uso de metáforas de vestimenta.

---

[1] Lars Hartman, "'Into the Name of Jesus': A Suggestion concerning the Earliest Meaning of the Phrase." *New Testament Studies* 20 (1974): 432–40

No entanto, simplesmente por invocar "o nome", estamos indicando que as questões de identidade estão em jogo: os nomes são, afinal, elementos centrais da identidade. Na discussão mais ampla de 1 Coríntios 1, isso é importante, pois grupos se formaram, dentro da igreja, que se identificam principalmente com outros nomes – "grandes nomes", poderíamos dizer – em vez do próprio Cristo. Isso é o que tanto preocupa Paulo: ele não quer que alguém pense que é possível ser batizado em seu nome, ter uma identidade definida principalmente por Paulo.

Paulo usa a linguagem e as imagens do batismo de maneiras significativas em quatro lugares: Gálatas 3.27; Romanos 6.3-4; 1 Coríntios 10.2; 12.13. Ele fala sobre o batismo em outros lugares, como em 1 Coríntios 15.29 (onde ele se refere ao batismo dos mortos) e, como acabamos de notar, 1 Coríntios 1.14-16, mas essas são referências incidentais a eventos dos quais não podemos saber os detalhes. Portanto, concentro-me principalmente nos quatro textos principais.

GÁLATAS 3.27 E O CONTEXTO: REVESTINDO-SE DE CRISTO

Começaremos com Gálatas 3.27, uma vez que este texto se conecta efetivamente com o que vimos no último capítulo. Lá, consideramos o fluxo do relato da salvação de Paulo até o ponto em que ele afirma: "Eu não vivo mais, mas Cristo vive em mim" (Gl 2.20, tradução minha). A partir daí, ele se envolve em um longo relato sobre o lugar da lei em relação à experiência evangélica do povo de Deus antes da vinda de Jesus: ela os governava enquanto eles não haviam atingido a maioridade. Mas agora que a fé veio, aqueles que creem não estão mais sob sua supervisão.

> Pois todos vós sois filhos de Deus mediante a fé em Cristo Jesus; porque todos quantos fostes batizados em Cristo de Cristo vos revestistes. Dessarte, não pode haver judeu nem grego; nem escravo nem liberto; nem homem nem mulher; porque todos vós sois um em Cristo Jesus. E, se sois de Cristo, também sois descendentes de Abraão e herdeiros segundo a promessa (Gl 3.26-29).

Quando examinamos isso no capítulo anterior, enfatizamos que Paulo recontextualiza as identidades particulares que compõem a comunidade de fé dentro da identidade constitutiva do próprio Jesus: as categorias que outrora dividiam e estratificavam não o fazem mais, porque uma identidade mais básica nos mantém unidos. Somos todos um em Cristo Jesus. Aqui, quero observar como, nesse contexto, Paulo faz uso particular das imagens batismais.

O batismo é representado como um ato passivo: os destinatários de Paulo "foram batizados". É também um ato de realocação: eles foram batizados "em Cristo" (*eis Christon*). O tempo verbal é aoristo, que aponta para a particularidade do evento de incorporação em Cristo. Isso é mais significativo porque é paralelo ao tempo aoristo do verbo *enedysasthe* (vocês se revestiram/revestiram-se com). Esses dois verbos compartilham um tempo verbal porque apontam para o mesmo evento: não é que você foi batizado em Cristo e *também* (ou seja, subsequentemente) revestiu-se dele. Antes, o batismo e o revestir-se são a mesma coisa. Como um aparte, a imagem da roupa pode ter o sentido de uso de um manto no ritual do batismo, enfatizando ainda mais a conexão entre os dois. A ordem das palavras em grego também é sugestiva. É literalmente

"Porque todos (de vocês) que em Cristo foram batizados, de Cristo se revestiram". Por ordem de palavras e repetição, a ênfase recai sobre a personalidade e identidade de Jesus.

Essa imagem de "vestir" Cristo como nossa nova identidade se reflete em outras partes dos escritos paulinos. Digno de nota particular é Colossenses 3.8-11 (ênfase adicionada):

> Agora, porém, despojai-vos, igualmente, de tudo isto: ira, indignação, maldade, maledicência, linguagem obscena do vosso falar. Não mintais uns aos outros, *uma vez que vos despistes do velho homem com os seus feitos e vos revestistes do novo homem que se refaz para o pleno conhecimento, segundo a imagem daquele que o criou*; no qual não pode haver grego nem judeu, circuncisão nem incircuncisão, bárbaro, cita, escravo, livre; porém Cristo é tudo em todos.

Santificação (e seu corolário de mortificação) é aqui representada como despir o velho eu (literalmente "o velho homem") e vestir-se do novo eu ("o novo homem") à imagem de seu criador. Essa é a imagem moral central da passagem: os pecados devem ser abandonados, não porque sejam contrários aos mandamentos, mas porque são contrários à nossa identidade em Cristo. O verbo aparece na voz *média*, que muitas vezes é usado com um sentido reflexivo e aqui designa algo que fazemos a nós mesmos: nos vestimos em Cristo. Permanece, portanto, a ênfase na vida cristã como uma vida que envolve atividade e esforço; não somos espectadores inertes dos processos de santificação e mortificação. Mas o esforço que empreendemos é *pessoal*: revestimo-nos de Cristo e nos despimos de nosso velho homem.

Tanto Colossenses 3 quanto Gálatas 3 vinculam imediatamente o batismo em Cristo com uma maneira formulada de falar da unidade dentro da realidade variada da comunidade cristã: "não pode haver grego nem judeu, circuncisão nem incircuncisão, bárbaro, cita, escravo, livre; porém Cristo é tudo em todos". Essa conexão é significativa no fluxo da epístola. Paulo tem desafiado a ênfase na lei com a intenção de fazer distinções particulares, para definir quem está "dentro" e quem está "fora" com base na observância legal, mas o significado do batismo ultrapassa isso, pois *quem quer* que tenha sido batizado em Cristo está "nele". Como veremos, isso nos diz algo poderoso sobre a unidade cristã e seus fundamentos.

Em Gálatas 4.1-7, ele enquadra essa mesma transformação em termos de "adoção": nós nos revestimos de Cristo, o Filho e, como resultado, compartilhamos seu clamor relacional de "Aba, Pai". Aqui, Paulo levanta uma questão interessante. Ele pergunta por que aqueles que passaram a desfrutar desse relacionamento de filiação[2] com Deus – conhecendo-o porque ele os conheceu – estão voltando à escravidão aos falsos deuses, à idolatria. Ele os descreverá como "princípios elementares, fracos e sem poder" (*ta asthenē kai ptōcha stoicheia*, 4.9, tradução minha) e então continuará

---

2 *Filiação*, ou *filial*, é obviamente um termo de gênero, e essa é uma questão compreensivelmente delicada para muitos. No entanto, é importante que mantenhamos essa dimensão de gênero em nossa discussão ao longo do livro, porque ela expressa nossa identidade como filhos adotivos de Deus, especificamente com referência à nossa participação no Filho. Ou seja, a particularidade de gênero é função da particularidade pessoal daquele *em quem* somos salvos.

a descrever a observância de festas e festivais especiais, assim como foram observados em Israel.

A mesma palavra para essas forças elementares, *stoicheia*, também é usada em Colossenses 2.8 e 2.20, novamente no contexto da observância de certos regulamentos. O termo é encontrado em grego em uma variedade de contextos e com uma variedade de significados, mas geralmente aponta para coisas que são elementos constituintes de coisas maiores, os blocos de construção dos quais são feitos. O significado central da *stoicheion*, no singular, é na verdade "um dentre uma série", que é como é usado na matemática antiga: aponta para ocupação de um lugar particular em uma ordem. Paulo parece usar a palavra como se pudesse apontar ao mesmo tempo para os elementos físicos deste mundo, um significado bastante comum, e para as forças demoníacas que agem em torno deles, que é uma ênfase encontrada em alguns escritos filosóficos antigos. Efetivamente, diz ele, seus instintos carnais estão escravizados às coisas mais inferiores da existência, às suas qualidades mais bestiais e, como tal, servem às forças demoníacas.

No texto de Colossenses, Paulo vincula a *stoicheia* às práticas de sincretismo: parece ser o caso que as crenças de muitos, dentro da igreja em Colossos, envolviam uma mistura de prática judaica e crença popular local.[3] É fácil para nós rotularmos esse sincretismo como demoníaco, mas podemos não entender por que Paulo usaria a mesma palavra para as forças em ação na Galácia. O que mantém juntos os problemas

---

3 O ponto é apresentado, embora com algumas variações, por Clinton Arnold, *The Colossian Syncretism: The Interface between Christianity and Folk Belief at Colossae*. WUNT 2.77 (Tübingen: Mohr Siebeck, 1995); e Paul Foster, *Colossians* (London: Bloomsbury, 2016).

aparentemente distintos vistos em Colossos e na Galácia é que ambos são governados pela dinâmica subjacente da idolatria. Os colossenses tinham uma mistura de ideias religiosas: eles pensavam em Deus como se ele pudesse ser manipulado, assim como as pessoas pensavam que poderiam controlar as divindades pagãs por meio de encantamentos mágicos ou atos rituais. Mas os gálatas estavam fazendo exatamente a mesma coisa com Yahweh, agindo como se pudessem obter automaticamente uma bênção de sua divindade ao cumprir a lei. Não se trata apenas de dar à lei maior preeminência em nossas vidas do que deveria; trata-se de dar aos poderes uma autoridade, no mundo, à qual possamos coagir por meio do capital que ganhamos com a realização de rituais. Efetivamente, Paulo diz: "Vocês estão pensando em Deus e sua lei como se vocês fossem pagãos, tentando manter suas divindades felizes. Essa maneira de pensar sobre a salvação está totalmente em desacordo com a história que seu batismo conta. Olhe para o seu batismo e veja o quão errada esta forma de pensar é!" O batismo, compreendido na narrativa que ele recontou na epístola, articula a verdade fundamental da identidade cristã que repudia uma forma de pensar as obras como capital: "eu não vivo mais, mas Cristo vive em mim. Estou revestido de Cristo".

ROMANOS 6.3-4 E O CONTEXTO: A MORTE E A VIDA QUE NÃO SÃO NOSSAS

Romanos 6 desenvolve o mesmo ponto e apresenta um conjunto semelhante de questões contextuais. Paulo escreveu longamente sobre a nossa situação perante a lei (não há um justo; todos pecaram) e a nossa situação em Cristo (não há condenação para aqueles que estão em Cristo Jesus). Em Romanos 6 ele enfrenta a questão acerca de saber se isso significa que podemos fazer o que quisermos, se isso é uma licença para o pecado: "Que diremos, pois? Permaneceremos no pecado, para que seja a graça mais abundante? De modo nenhum! Como viveremos ainda no pecado, nós os que para ele morremos?" (Rm 6.1-2). É neste ponto que Paulo invoca o batismo:

> Ou, porventura, ignorais que todos nós que fomos batizados em Cristo Jesus fomos batizados na sua morte? Fomos, pois, sepultados com ele na morte pelo batismo; para que, como Cristo foi ressuscitado dentre os mortos pela glória do Pai, assim também andemos nós em novidade de vida. Porque, se fomos unidos com ele na semelhança da sua morte, certamente, o seremos também na semelhança da sua ressurreição, sabendo isto: que foi crucificado com ele o nosso velho homem, para que o corpo do pecado seja destruído, e não sirvamos o pecado como escravos; porquanto quem morreu está justificado do pecado (Rm 6.3-7).

A construção é muito parecida com a que acabamos de ver em Gálatas 3.27, onde a segunda cláusula explica algo que é verdadeiro para "todos quantos foram batizados em Cristo" (alt.). Nesse caso, o verbo "batizar" é repetido na segunda frase, garantindo que o leitor veja sua identificação com a morte de Jesus como um elemento essencial da união significada por seu batismo.

É particularmente importante notar que somos identificados muito especificamente com *sua* morte. Frequentemente pensamos sobre o simbolismo do batismo como uma representação da "nova criação" descrita em 2 Coríntios 5.17. No caso do batismo e imersão total dos crentes, o ato de se levantar da água é frequentemente considerado como um símbolo da nova pessoa emergindo no mundo. Isso é bom, mas é vital reconhecer que a morte do antigo eu não é um evento autocontido. Em vez disso, é uma consequência da identificação com a morte de Jesus, e a vida da nova pessoa é identificada com a vida de Jesus. Não é que tenhamos um velho eu que foi simbolicamente enterrado e um novo que surgiu para substituí-lo; temos um velho eu subsistente que foi enterrado e um novo eu em Cristo que compartilha de sua vida.

Paulo continua a enfatizar isso nos versos seguintes, e os tempos de seus verbos carregam uma dimensão pastoral importante (à qual retornaremos nos próximos dois capítulos): embora *tenhamos sido* sepultados com Jesus no batismo, *seremos* como ele na ressurreição. A diferença sugere o que já vimos em Filipenses 3: "Não que eu o tenha já recebido ou tenha já obtido a perfeição; mas prossigo para conquistar aquilo para o que também fui conquistado por Cristo Jesus" (3.12). A distinção de Paulo entre nosso estado presente e futuro tem enorme importância pastoral, e não devemos negligenciar isso. Nossas próprias vidas, e as vidas daqueles em nossas congregações e famílias, continuam a ser marcadas por imperfeições, e precisamos lembrar uns aos outros sobre os tempos verbais que moldam a representação da vida cristã no Novo Testamento. Muitas vezes somos esmagados por um perfeccionismo irreal que faz mais do que apenas trazer culpa; traz também dúvidas, geradas pela incongruência entre o que fazemos e o que afirmamos. Aqui, porém, está uma janela para a teologia subjacente que pode gerar tais dúvidas: elas podem muito bem vir de uma percepção do desempenho moral que o vê como algo que "eu" (como uma nova criação autônoma) faço, ao invés de algo que Cristo-em-mim ou eu-em-Cristo faço, uma realidade ainda a ser levada à sua perfeição.

Quer seja esse o caso ou não, o que é surpreendente sobre essas passagens é que elas nos convidam a nos identificar com o passado de Jesus, a fazer nossa a narrativa de sua morte e, ao fazê-lo, nos convidam a nos identificar também com seu futuro. Nosso futuro, as possibilidades daquilo que nós mesmos podemos ser e fazer, não é mais definido pelos limites de nossa bondade natural, mas agora é definido por sua bondade. Nossos destinos são correspondentemente determinados. E precisamente porque *sua* ressurreição já aconteceu, esse futuro já está inaugurado, mesmo que não consumado.

Paulo faz uma associação interessante e importante entre essa "escatologia inaugurada" e a presença atuante do Espírito Santo. Em vários lugares, ele descreve o Espírito como um "pagamento inicial" (*arrabōn*, 2 Coríntios 1.22; 2 Coríntios 5.5; Efésios 1.14) ou como as "primícias" (*aparchē*, Romanos 8.23). A primeira palavra é frequentemente traduzida como "selo", mas originalmente tinha uma conotação ligeiramente diferente da que tem hoje. O ponto dessa linguagem é que o que temos agora é semelhante ao que teremos no futuro: é uma primeira parcela da realidade que virá por completo mais tarde. Nesse sentido, nossas vidas desfrutam da presença do futuro no aqui e agora. Quando Paulo descreve o corpo da ressurreição em 1 Coríntios 15, ele o caracteriza como um corpo "espiritual"; não se trata, creio eu, de uma descrição de um corpo incorpóreo, mas de um corpo totalmente transformado pela presença da vida divina dentro dele.[4]

Podemos obter consolo genuíno do reconhecimento que nossa transformação não está completa e que nosso estado moral atual não será o final, mas isso nunca pode nos isentar de nossas falhas e nunca pode ser usado como uma justificativa para pensar levianamente sobre o pecado. Este é precisamente o ponto de Paulo em Romanos 6, que naturalmente segue sua discussão sobre a justificação em Romanos 5. É simplesmente impensável que acreditemos que nossa justificação pela graça nos permita continuar nossas práticas pecaminosas, pois vivemos sob o domínio de Cristo, na presença vital de seu Espírito. A morte e o pecado continuam, mas eles não nos governam mais.

Correndo o risco de soar repetitivo, permita-me observar que este é, novamente, um ponto fundamental do relato de Paulo sobre a identidade moral cristã. O que ele *não* faz é oferecer um programa de desenvolvimento moral

---

4 Alguns reconhecerão aqui uma linguagem que lembra Jürgen Moltmann, *Teologia da esperança: estudos sobre os fundamentos e as consequências de uma escatologia cristã* (São Paulo: Loyola, 2005). Embora reconheça isso, enfatizo que estou usando essa linguagem da pneumatologia e da escatologia de uma forma que está alinhada com o monoteísmo trinitário de concepção clássica, no qual a distinção entre criador e criação é claramente mantida. Moltmann quebra essa distinção, e minha própria visão é que, ao fazer isso, ele perde uma ênfase bíblica crucial na natureza divina e sacrifical, algo vital para o relato da salvação como realmente algo que "vem de fora" ou "de cima" para nós. Kathryn Tanner, *Jesus, Humanity and the Trinity: A Brief Systematic Theology* (Minneapolis: Fortress, 2001), p. 10, oferece alguns comentários tipicamente perspicazes sobre a família de abordagens à qual Moltmann pertence. Basicamente, todas essas abordagens atenuam a própria diferença entre Deus e a humanidade que é a base de nossa esperança – a saber, que Deus não é algo entre outras realidades, mas algo distinto e essencialmente "outro".

e crescimento cristão. Ele não diz nada que indique que um conjunto de práticas aceitas garantirá que maximizemos nosso potencial e cresçamos como devemos. A convicção de que a realização da identidade moral cristã pode ser realizada programaticamente só pode ser mantida quando essa identidade é vista como propriedade do crente, e não como propriedade de Cristo, que está presente no crente. Para relembrar as palavras de Paulo aos Gálatas: "Tendo começado com o Espírito, vocês agora estão tentando terminar com a carne?" (3.3, tradução minha). Nos pontos cruciais fundamentais de seu relato moral, Paulo não aponta os leitores para um programa de desenvolvimento, mesmo do tipo representado difusamente em textos clássicos que falam de virtude, mas os aponta de volta para o batismo que expressa sua identificação com e em Cristo.

1 CORÍNTIOS 10.2 E 12.13: UNIDADE EM CRISTO E UNIDADE DE DEUS

Quando nos voltamos para os textos sobre batismo em 1 Coríntios, que consideraremos muito mais brevemente, duas coisas são notáveis. Primeiro, Paulo usa a linguagem do batismo em 1 Coríntios 10 em conexão com a história do êxodo e de uma forma que sugere que os israelitas tiveram uma experiência proléptica do próprio evangelho:

> Ora, irmãos, não quero que ignoreis que nossos pais estiveram todos sob a nuvem, e todos passaram pelo mar, tendo sido todos batizados, assim na nuvem como no mar, com respeito a Moisés. Todos eles comeram de um só manjar

espiritual e beberam da mesma fonte espiritual; porque bebiam de uma pedra espiritual que os seguia. E a pedra era Cristo (1Co 10.1-4).

Como argumentei em outro lugar,[5] a lógica de Paulo na passagem mais ampla requer que a experiência de Israel fosse verdadeiramente *evangélica*, em forma de evangelho. Portanto, pode servir como um aviso sobre os perigos da idolatria para os cristãos cheios do Espírito: se aqueles que beberam da rocha espiritual de Cristo no passado puderam ser levados à idolatria, nós também podemos. Sem nos prendermos a como ser batizado "em Moisés" pode estar relacionado com o ser batizado "em Cristo",[6] é defensável dizer que Paulo agora pensa sobre a identidade moral de Israel de forma diferente, através do prisma do mistério revelado em Cristo. Quando Israel realmente desfrutou da comunhão com Deus na lei e na aliança, foi porque foi alimentado por Cristo e seu Espírito. Como tal, sua própria transformação de identidade também foi processada em uma espécie de batismo, conforme eles passavam de uma realidade para outra. A lei veio para eles não como uma

---

5 Veja meu "Incarnational Ontology and the Theology of Participation in Paul.", pp. 87–102 em *"In Christ" in Paul: Explorations in Paul's Theology of Union and Participation*. WUNT 2.384. Kevin J. Vanhoozer, Constantine Campbell, e Michael Thate, eds. (Tübingen: Mohr Siebeck, 2014),

6 A expressão, creio eu, pretende indicar que uma diferença qualitativa permanece entre aqueles cujo mediador terrestre e temporário e representante da aliança foi Moisés e aqueles cujo mediador é Cristo. A linguagem do "mistério" que Paulo usa em outro lugar (por exemplo, em Colossenses 1.25-27) sugere que Cristo sempre foi o verdadeiro mediador da aliança, seu ministério temporal levado para o trato eterno de Deus e determinando toda a relação de Deus com o cosmos e para os pecadores que o habitam. Por um tempo, porém, o relacionamento foi sujeito a um nível adicional de mediação por meio de Moisés e a lei, uma interpretação em linha com a linguagem de Paulo em Gálatas 3.23–26.

coisa em si, mas como algo pertencente a essa realidade maior. Em outras palavras, Paulo agora não pode deixar de pensar sacramentalmente sobre a história de Israel, porque os sacramentos são as articulações centrais do evangelho.

É impressionante, então, que Paulo use essa linguagem no contexto de uma passagem que vai se desenvolver em direção a uma discussão da Ceia do Senhor, que consideraremos mais adiante no capítulo 4. Essa própria mesa é mencionada em 10.21 como algo que não deve ser comprometido pelo comparecimento à mesa dos ídolos, o que provavelmente seria uma prática social comum em Corinto. O pão consumido à mesa é mencionado alguns versículos antes, em 10.17, onde o ponto central enfatizado sobre o pão é sua unidade: "Porque nós, embora muitos, somos unicamente um pão, um só corpo; porque todos participamos do único pão".

Isso é importante, porque a próxima ocorrência da linguagem do batismo é encontrada no contexto da descrição de Paulo sobre o corpo de Cristo em 1 Coríntios 12, que é precedido por seu ensino mais extenso sobre a Ceia do Senhor em 1 Coríntios 11, onde "o corpo de Cristo" é o cerne do simbolismo. O batismo e a eucaristia são, portanto, mutuamente informativos para o apóstolo: "Porque, assim como o corpo é um e tem muitos membros, e todos os membros, sendo muitos, constituem um só corpo, assim também com respeito a Cristo. Pois, em um só Espírito, todos nós fomos batizados em um corpo, quer judeus, quer gregos, quer escravos, quer livres. E a todos nós foi dado beber de um só Espírito" (1Co 12.12-13). Devemos estar atentos à ênfase principal aqui na unidade dentro da diversidade. Chegamos ao círculo completo, pois as mesmas questões foram destacadas no contexto de

Gálatas 3.26. Observe que Paulo não diz: "assim como o corpo é um e tem muitos membros, assim é com os cristãos: todos nós formamos uma única entidade em nossa comunhão". Em vez disso, ele diz: "assim também com respeito a Cristo". Assim, o corpo é representado como tendo uma identidade singular que está associada à *sua* identidade singular anterior. A unidade do corpo não é algo que trabalhamos para alcançar pela qualidade de nossa comunhão, mas algo que trabalhamos para manifestar em nossa compreensão da identidade singular (Jesus) que nos une. Esse é exatamente o mesmo ponto que se conclui acerca do Espírito em 12.12-13: "em um só Espírito, todos nós fomos batizados em um corpo... E a todos nós foi dado beber de um só Espírito".[7]

A repetição da palavra "um" aqui é importante. Ela ecoa a linguagem da unidade usada em 1 Coríntios 8.6, que se baseia no Shemá de Deuteronômio 6.4 ("Ouve, Israel, o SENHOR, nosso Deus, é o único SENHOR"):

> Porque, ainda que há também alguns que se chamem deuses, quer no céu ou sobre a terra, como há muitos deuses e muitos senhores, todavia, para nós há um só Deus, o Pai, de quem são todas as coisas e para quem existimos; e um só Senhor, Jesus Cristo, pelo qual são todas as coisas, e nós também, por ele (1Co 8.5-6).

Aqui Paulo enfatiza que a unidade cristã é uma função não de nossa reciprocidade, mas da unidade anterior de Deus.

---

7 No que se segue, devo muito ao meu aluno de doutorado Kris Song, da Universidade de Aberdeen, que está pesquisando o papel unitivo do Espírito no pensamento de Paulo.

Como Paulo dirá mais explicitamente em Efésios 4.5, "há um só Senhor, uma só fé, um só batismo". Isso é importante porque, em um nível popular, os evangélicos adotaram amplamente a ideia conhecida como trinitarianismo social.[8] A maneira mais simples de descrever essa posição é que ela vê a unidade de Deus emergindo de sua trindade pela perfeição da comunhão como uma "dança" trinitária dinâmica. Isso se afasta da maneira clássica de pensar o trinitarianismo como começando com a singularidade e a simplicidade de Deus. Paulo, entretanto, reafirma continuamente a declaração monoteísta tradicional de que Deus é um, embora agora em um registro trinitário, e representa a unidade de Deus como a base da unidade cristã.

Devemos nos permitir sentir a força disso. Frequentemente abordamos a unidade cristã como algo que decorre do que somos ou fazemos: vemos a unidade cristã como constituída por acordo doutrinário ou por alinhamento moral. Consideramos não haver unidade significativa entre alguém que assume uma posição diferente sobre esta ou aquela questão doutrinária ou esta ou aquela posição moral. A maneira como abordamos a ética evangélica geralmente reflete isso. Mesmo que tenhamos uma boa ênfase na unidade, muitas vezes ela é

---

8 A popularidade dessa visão se estendeu aos estudos bíblicos acadêmicos, que se separaram funcionalmente do estudo da teologia. Quando os estudiosos da Bíblia se voltam para a teologia, muitas vezes o fazem sem um contexto adequado, atraídos por abordagens como o trinitarianismo social, porque desconhecem as razões pelas quais o trinitarianismo clássico tomou a forma que tomou. A excelente doutrina de Deus de Katherine Sonderegger faz um bom trabalho ao reconhecer que priorizar a unidade de Deus é simplesmente uma questão de observar a forma do testemunho bíblico. Podemos abordar a teologia trinitária incipiente do Novo Testamento apenas *por meio* do Shemá e das afirmações monoteístas de, por exemplo, Isaías. Para uma avaliação crítica completa do trinitarianismo social, veja Karen Kilby, "Perichoresis and Projection: Problems with Social Doctrines of the Trinity." *New Blackfriars* 81 (2000): 432–45.

entendida como um imperativo modelado na vontade de Jesus de amar o outro,[9] que ainda precisa caminhar para a concordância por meio do diálogo. Mas a reflexão adequada sobre os sacramentos contraria esse tipo de compreensão: para Paulo, nossa unidade é uma função de nossa união com Cristo, que é uma união com o único Deus, cuja unidade se torna nossa. Nossas tentativas de traçar um círculo em torno daqueles que pensam como nós são fundamentalmente equivocadas e, francamente, pecaminosas. Agora, isso não é dizer que é errado buscar a concordância moral e teológica em torno da verdade; é importante fazê-lo, mas o fazemos para trazer maior glória a Deus, não para definir quem está dentro e quem está fora. Estou unido ao crente cuja doutrina é terrível e àquele cuja vida eu considero reprovável; é precisamente porque eles compartilham da unidade do corpo de Cristo que sou compelido a falar sobre ambos os problemas, mas a fazê-lo com amor fraternal e afirmação. Para Paulo, a condição *sine qua non* da inclusão parece se limitada à confissão "Jesus é o Senhor", que só pode ser feita pela presença atuante do Espírito (1Co 12.3).[10]

---

9 Isso me parece ser uma deficiência refletida em Richard Burridge, *Imitating Jesus: An Inclusive Approach to New Testament Ethics* (Grand Rapids: Eerdmans, 2007). Embora haja muito a apreciar nesse livro, ele se concentra muito estreitamente em emular os valores representados nas narrativas do Evangelho e não está atento ao fundamento de grande parte da ética de Paulo na natureza do próprio Deus.

10 Quero reconhecer a importância do meu professor de teologia sistemática no Free Church of Scotland College, Donald Macleod, que enfatizou esse ponto repetidamente em nossas aulas. Muito do meu interesse subsequente na união com Cristo como um tema remonta à sua ênfase na sala de aula. O dia em que ele enfatizou a unidade dos cristãos foi um momento de "acender a luz" para mim.

CONCLUSÃO

Meu propósito neste capítulo foi chamar a atenção do leitor para a proeminência que o batismo tem no relato de Paulo sobre a identidade moral cristã. Em pontos-chave fundamentais, ele direciona sua audiência a considerar o significado de seu batismo como um ritual que representa sua união com Cristo e que fala sobre sua identidade moral. Sua prática moral deve emergir disso.

A primeira observação central é que Paulo considera o batismo como significando o revestir-se de Cristo. Essa é uma observação que desdobraremos mais adiante no capítulo 5, onde consideraremos como o uso de imagens de vestimentas é desenvolvido em relação ao processo contínuo de mortificação enquanto nos empenhamos ativamente para matar o pecado. Aqui, a questão é simples: o batismo significa que a vida cristã envolve assumir a identidade de outra pessoa e não simplesmente melhorar a nossa. O que vestimos não é um novo conjunto de atitudes ou práticas, mas outra pessoa, Jesus Cristo. Se qualquer outra coisa for colocada no lugar de Cristo nesse ponto fundamental de nosso relato moral, então tudo o mais entrará em colapso. Pois se colocarmos qualquer outra coisa ali, isso servirá apenas ao nosso instinto de idolatria, e nos encontraremos escravizados novamente aos "princípios elementares do mundo".

A segunda observação é que porque o batismo significa revestir-nos com as mesmas perfeições de Cristo pelas quais somos justificados, ele realmente intensifica o desafio da santificação ao invés de suavizá-lo. Para qualquer um de nós, pecar está fundamentalmente em desacordo com nossa nova identidade, uma vez que está fundamentalmente em desacordo com identidade *de Cristo*. Isso possui implicações imediatas para dois problemas diferentes na interpretação ou aplicação do ensino de Paulo. Primeiro, possui implicações para os movimentos nos estudos do Novo Testamento e na teologia moderna, como o Paulo apocalíptico, que minimiza a importância da atividade moral do cristão em favor da invasão divina da graça. Tal posição simplesmente não pode acomodar a maneira como Paulo representa a vida moral do cristão em relação ao batismo. Em segundo lugar, possui implicações para a tendência de minimizar o verdadeiro horror de nossos fracassos, localizando-os em uma narrativa de progresso gradual em direção à perfeição. Não pretendo com isso negar a verdade de que continuaremos a experimentar a guerra da carne e do Espírito até que sejamos ressuscitados com os corpos espirituais da ressurreição e que, nessa luta, nos consolamos com o fato de que a justiça pela qual somos justificados não é a nossa própria justiça. Em vez disso, pretendo dizer que, quando falhamos, nossas falhas envolvem a verdadeira atrocidade de viver *contra* aquele que vive em nós. São piores porque envolvem uma espécie de negação de quem realmente somos.

A terceira observação é que o batismo sempre traz consigo uma afirmação de nossa identificação coletiva com Cristo. Estou revestido de Cristo, mas não sou o único assim. Todos os que são batizados nele estão revestidos dele. O batismo exige que vejamos nossa identidade como cristãos em termos de nossa participação no corpo, a igreja, e se recusa a permitir que definamos esse corpo em termos de acordo intelectual. Moralmente, então, qualquer cristão que não reconheça suas obrigações de afirmar o status de outros que estão revestidos de Cristo vive em conflito com sua identidade. Na verdade, eles vivem em conflito com a identidade do próprio Deus, visto que a unidade da igreja é uma função da unidade do Deus a quem estamos unidos em Cristo. A identidade moral daqueles que são batizados em Cristo, então, deve ser caracterizada pelo amor.

CAPÍTULO 4
A Ceia do Senhor e a memória de outra pessoa

fazei isto em memória de mim

Nossas identidades estão intimamente ligadas às nossas memórias. *Quem somos* é moldado por *aquilo que lembramos*, porque nossa identidade é, pelo menos em parte, construída de maneira narrativa, e nossas memórias constituem nossa história. No mundo moderno, tendemos a pensar nas memórias como propriedades de indivíduos, criadas por estados neurais que lembram coisas que aconteceram a eles em seu passado. Isso identifica a condição neural da memória com a identidade do indivíduo. "O que eu lembro" é essencial para "quem eu sou".

Em contraste com essa noção individualista de memória, às vezes usamos a linguagem de "lembrança" em relação às atividades coletivas – lembrar dos que se foram na guerra, por exemplo, – e ao fazer isso mudamos para o que é realmente uma definição totalmente diferente de "relembrar". Nesse caso, nos lembramos do que aconteceu a outra pessoa: honramos a história de outra pessoa sem confundi-la com a nossa. O conceito de memória em ação aqui é definitivamente diferente e não se mistura com o nosso senso de identidade pessoal.

Este capítulo investigará a maneira como Paulo representa a Ceia do Senhor como um ato de lembrança, não apenas no sentido de que honramos o que aconteceu a outra pessoa, mas no sentido de que consideramos a memória de sua história como a memória da nossa própria história. Em outras palavras, unimos as duas categorias de memória que mencionei acima, com todas as implicações para a identidade que isso acarreta: o que lembramos neste rito dramático define nossa compreensão de quem somos. A Ceia do Senhor é uma representação dramática da memória de outra pessoa, pela qual nos apropriamos do seu passado e, ao fazê-lo, tornamos o seu futuro nosso também. Algo semelhante poderia ser dito sobre o batismo, que discutimos no capítulo anterior e que também desempenha um papel fundamental na definição da identidade cristã, mas é a Ceia do Senhor que é distintamente representada em termos de memória ou lembrança. A "outra pessoa", aqui, é Jesus, e o ponto principal neste capítulo é que, se nossa identidade moral é constituída por ele, então os sacramentos são meios essenciais de graça pelos quais essa identidade é formada. Representamos as memórias do que agora é considerado *nossa* história e, portanto, habitamos nossas novas identidades. Como veremos, um elemento central da performance é transportado da dramática identificação feita durante a celebração da Páscoa.

Como pessoas modernas, isso é difícil para nós compreendermos, uma vez que trabalhamos com o tipo de suposições que delineei acima sobre como a memória e a identidade estão relacionadas. Sendo assim, antes de passarmos a considerar o material bíblico, quero sondar esse relacionamento um pouco mais, refletindo sobre como ele é representado nos aclamados filmes de *Blade Runner* e analisando-os em diálogo com a obra de John Swinton sobre tempo, memória e comunidade.

O QUE EU SOU PARA VOCÊ?
MEMÓRIA, IDENTIDADE E RELACIONAMENTO

Ambos os filmes de *Blade Runner* – o original de 1982, e a sequência lançada recentemente, *Blade Runner 2049* – estão preocupados com a relação entre memória e identidade.[1] Para aqueles que não assistiram os filmes, a premissa é que existem humanos sintéticos, androides conhecidos como "replicantes", alguns dos quais tiveram memórias implantadas neles para fornecer uma estrutura para a experiência emocional e psicológica a fim de mitigar suas habilidades potencialmente destrutivas. Essas memórias podem pertencer a outra pessoa ou podem ter sido geradas artificialmente. No filme original, uma personagem não sabe que isso foi feito com ela: ela acredita que é a pessoa de cuja infância ela se lembra e não tem conhecimento do fato de que na verdade é um androide recém-fabricado. Na sequência, grande parte da história gira em torno da questão de saber se uma memória particular na mente do personagem central é real e se é realmente dele. Ambos os filmes investigam como as memórias moldam nossa identidade. De forma muito

---

[1] O primeiro filme foi vagamente adaptado de um romance de Philip K. Dick, *Do Androids Dream of Electric Sheep?* (Garden City, NY: Doubleday, 1968), embora muitos dos elementos-chave, incluindo o título *Blade Runner* e a ambiguidade sobre a identidade do personagem central não sejam encontrados no livro.

aberta, ambos perguntam que significado deveria ser atribuído a uma memória que pode não estar realmente associada a algo experimentado fisicamente por aquele que se lembra de tal memória. Eu deixo de ser eu só porque essa memória particular não foi vivida por mim? Sou, de maneira positiva, um tipo específico de pessoa com um conjunto específico de relacionamentos por causa de uma memória que relembra algo que realmente aconteceu a outra pessoa? Um momento crucial, e maravilhosamente discreto, no segundo filme, é quando Deckard de Harrison Ford pergunta a um replicante: "O que eu sou para você?". O espectador sabe que, por causa de uma determinada memória implantada, ele é ninguém menos que "pai" daquele replicante. O espectador também sabe que, pelo fato de outros terem a mesma memória, essa relação paternal se estende para além desse único indivíduo – e para além da pessoa que verdadeiramente possui tal memória – para toda uma família.

O que torna esses filmes eficazes, a razão de eles terem um apelo tão duradouro para o público (o original, pelo menos, teve um grande impacto, e a sequência é amplamente considerada um "futuro clássico"), é que eles abrem um cenário de questões sobre a relação entre memória e identidade que muitas vezes processamos por meio de um conjunto de suposições muito modernas. Consideramos as memórias uma propriedade do indivíduo, inerente a um estado neural que foi gerado pelas experiências de nossos corpos e contribuindo para a nossa identidade de uma forma que é vulnerável ao comprometimento desse estado neural. A demência, por exemplo, é assustadora porque aqueles cujas memórias estão comprometidas parecem estar se perdendo ou sendo perdidas para as pessoas ao seu redor.

Meu colega John Swinton destaca que é precisamente a maneira individualizada de pensar sobre a memória e a identidade que torna esse destino tão perturbador para os modernos. Não se trata apenas que concebemos a memória em relação à pessoa individual, mas concebemos a personalidade da pessoa em relação às suas memórias. Swinton busca reorientar o conceito de memória e identidade em direção a relatos sociais e relacionais de um tipo que é mais visível fora do Ocidente moderno. Nessa visão, aquele cujas memórias pessoais estão comprometidas não está perdido, porque a fraternidade em torno dessa pessoa sustenta as memórias que sua própria mente não é mais capaz de sustentar.[2] Uma "memória social" está em ação, não necessariamente do tipo que alguns aplicaram à transmissão das histórias do Evangelho,[3] mas uma na qual as memórias da pessoa e da identidade histórica que a acompanha são mantidas através da comunidade. Quem essa pessoa é não depende, no final das contas, da confiabilidade de sua neuroquímica. Esse é um elemento particular do que algumas vezes é descrito hoje como "cognição incorporada", um termo que expressa a ideia de que nosso processamento cognitivo do mundo não está confinado à atividade de nosso cérebro, mas envolve todo o corpo no qual esse cérebro existe e as comunidades em que esse corpo existe socialmente. Tudo isso visa corrigir um tipo particular de individualismo na maneira como concebemos a cognição, incluindo o processamento de memórias. A modernidade continua a sentir as reverberações

---

2 John Swinton, *Dementia: Living in the Memories of God* (Grand Rapids: Eerdmans, 2012).
3 Para uma visão geral, veja Chris Keith, "Social Memory Theory and Gospels Research: The First Decade." *Early Christianity* 6 (2015): 354–76, 517–42.

do *cogito* de Descartes, que poderíamos modificar para os presentes propósitos como: "Lembro-me, logo existo".

Nossa maneira de pensar sobre a relação entre memória e identidade também é moldada por uma forma de pensar sobre o tempo. O tempo é uma série de eventos, movendo-se do passado para o futuro. Minha identidade se forma a partir do meu passado, a medida que me recordo dele, dos acontecimentos que me afetaram ou dos quais participei. Minha identidade pode ter uma forma diferente no futuro, *após* outra série de eventos que se tornarão parte do meu passado (apenas uma parte mais recente).

Em conjunto, essas formas de pensar a memória como algo vinculado à identidade do indivíduo afetam a maneira como pensamos sobre os atos cerimoniais de celebração. Aqui, tendemos a usar a linguagem de "lembrar" como se tivéssemos mudado para uma entrada de dicionário diferente, associada a mostrar respeito pela experiência de outra pessoa. No Reino Unido, por exemplo, realizamos um Dia da Lembrança que comemora o fim da Primeira Guerra Mundial, embora também esteja associado a conflitos subsequentes. Quando usamos a linguagem da lembrança aqui, queremos dizer que estamos nos lembrando do que aconteceu a outra pessoa: isso pode ter me afetado de alguma forma – eu não vivo sob o governo alemão – mas é essencialmente um ato de lembrar a história de outra pessoa. Esse é necessariamente o caso porque eu não estava lá.

Pode parecer que estou confundindo dois conceitos diferentes de memória. Em contraste com *Blade Runner*, a memória em questão não é um estado neural que corresponde a uma experiência subjetiva. Parte do que quero dizer, porém, é que *reduzimos* o conceito de memória aos fenômenos neurofísicos que ocorrem dentro de um indivíduo e, especificamente, em seu cérebro. Na maior parte, no mundo moderno, não temos mais espaço para o tipo de memória social de que fala Swinton, que é uma realidade corporificada e comunitária, representada tanto (e tão verdadeiramente) no testemunho falado ou performativo de membros da comunidade quanto no estado neural associado à experiência sensorial de um momento da história. A memória social pode ser testemunhal, e esse testemunho pode ser transmitido por milênios sem perder seu significado.

MEMÓRIA E IDENTIFICAÇÃO RITUAL NO JUDAÍSMO

Antes de examinarmos os tratamentos de Paulo sobre a eucaristia, quero considerar alguns antecedentes importantes para esse conceito de identificação pela *memória performativa* encontrado no ritual judaico e nas tradições festivas, particularmente na Páscoa. Junto com outras festas, a Páscoa funciona como um ato do que podemos chamar de "comemoração participativa". Esta seleção de versículos do relato do Êxodo destaca essa identificação:

> Este dia vos será por memorial, e o celebrareis como solenidade ao Senhor; nas vossas gerações o celebrareis por estatuto perpétuo... Guardai, pois, a Festa dos Pães Asmos, porque, nesse mesmo dia, tirei vossas hostes da terra do Egito; portanto, guardareis este dia nas vossas gerações por estatuto perpétuo... Guardai, pois, isto por estatuto para vós outros e para vossos filhos, para sempre. E, uma

vez dentro na terra que o Senhor vos dará, como tem dito, observai este rito. Quando vossos filhos vos perguntarem: Que rito é este? Respondereis: É o sacrifício da Páscoa ao Senhor, que passou por cima das casas dos filhos de Israel no Egito, quando feriu os egípcios e livrou as nossas casas. Então, o povo se inclinou e adorou (12.14, 17, 24-27).

Sete dias se comerão pães asmos, e o levedado não se encontrará contigo, nem ainda fermento será encontrado em todo o teu território. *Naquele mesmo dia, contarás a teu filho, dizendo: É isto pelo que o Senhor me fez, quando saí do Egito. E será como sinal na tua mão e por memorial entre teus olhos; para que a lei do Senhor esteja na tua boca*; pois com mão forte o Senhor te tirou do Egito. Portanto, guardarás esta ordenança no determinado tempo, de ano em ano (13.7-10, grifo nosso).

Um ponto central aqui é que, embora o discurso dentro da narrativa seja direcionado aos participantes do êxodo real, que podem usar de maneira imediata a expressão em primeira pessoa "É isto pelo que o Senhor me fez" (13.8), isso institui uma forma de palavras que serão recitadas por aqueles que não estão presentes nesta geração, que também falarão essas palavras para seus filhos. O ponto é destacado nas tradições posteriores do sêder judaico, que estão contidas na Hagadá da Páscoa e podem possivelmente refletir os costumes do período do Novo Testamento.[4] Nesses momentos, aquele que presidia

---

4 O ponto é disputado, mas veja minha breve discussão em *Union with Christ*, p. 201-16. P. Markus Nikkanen recentemente fez uma defesa robusta da afirmação de que a refeição da Páscoa no período do Segundo Templo compartilhava muitos elementos

(o pai) deveria recitar os versos de Deuteronômio 26.5-9, que não são propriamente sobre a Páscoa, mas estão ligados à festa e enfatizam o elemento de identificação:

> Então, testificarás perante o Senhor, teu Deus, e dirás: Arameu prestes a perecer foi *meu* pai, e desceu para o Egito, e ali viveu como estrangeiro com pouca gente; e ali veio a ser nação grande, forte e numerosa. Mas os egípcios *nos* maltrataram, e afligiram, e *nos* impuseram dura servidão. *Clamamos* ao Senhor, Deus de nossos pais; e o Senhor ouviu a *nossa* voz e atentou para a *nossa* angústia, para o *nosso* trabalho e para a *nossa* opressão; e o Senhor *nos* tirou do Egito com poderosa mão, e com braço estendido, e com grande espanto, e com sinais, e com milagres; e *nos* trouxe a este lugar e *nos* deu esta terra, terra que mana leite e mel (26.5-9, grifo nosso).

Tudo isso leva a um profundo senso de identificação. Essa dramática reencenação daquela primeira Páscoa é feita de forma a dizer: "Esta é a *minha* história". O que é crucial sobre isso é a definição relacional que ele gera. Ele define meu relacionamento com Deus, meu relacionamento com o resto da nação, meu relacionamento com o Egito como um emblema de um mundo moral do qual fui libertado, e meu relacionamento com a terra, esteja eu nela ou exilado dela. Esses não

---

com o sêder posterior e era de caráter participativo inalienável, algo que pode ser rastreado até o próprio relato do Êxodo. Sua tese de doutorado, ""Participation in Christ: Paul and Pre-Pauline Eucharistic Tradition", foi aceita pela Universidade de Aberdeen em 2018 e, espero, será publicada em breve.

são relacionamentos de outra pessoa; eles são meus. E vivo de uma maneira diferente por causa deles.

Essa maneira de pensar sobre atos de celebração é, em grande medida, estranha para nós hoje, embora os estudiosos que trabalham nas ciências sociais sejam rápidos em apontar que nossa noção ocidental moderna de memória é uma inovação. Olhe para o passado, ou olhe para as sociedades fora do Ocidente moderno (talvez, até mesmo, fora do Ocidente *urbano*), e você encontrará aqueles cujo conceito de tempo e memória permite um sentido muito mais rico de identificação com aqueles cujas memórias são evocadas em atos de celebração. Dentro do material bíblico, o conceito que sustenta isso é a aliança: há uma união formal entre Deus e seu povo que o liga a eles e os conecta uns aos outros, e suas histórias são compartilhadas por meio dessa estrutura de aliança. A história do êxodo, dentro da qual ocorre a Páscoa, é a história da aliança. Seus membros são tirados do Egito, conduzidos para a terra prometida, em comunhão com o único Deus.

Mas, embora afirme a importância da aliança como uma categoria conceitual, é importante enfatizar que a identificação ritual *imaginativa* ou *performativa* inerente à Páscoa e outras festas, precisa ser tornada *real* para ser *realizada*. Uma série de passagens do Antigo Testamento indicam a importância de uma transformação interna que *realiza* o significado do ritual que é realizado. Por exemplo, um grupo de tais textos fala de circuncisão nestes termos:

> Circuncidai, pois, o vosso coração e não mais endureçais a vossa cerviz (Dt 10.16).

> O Senhor, teu Deus, circuncidará o teu coração e o coração de tua descendência, para amares o Senhor, teu Deus, de todo o coração e de toda a tua alma, para que vivas (Dt 30.6).

> Circuncidai-vos para o Senhor, circuncidai o vosso coração, ó homens de Judá e moradores de Jerusalém, para que o meu furor não saia como fogo e arda, e não haja quem o apague, por causa da malícia das vossas obras (Jr 4.4).

Efetivamente, essa é uma maneira de dizer que as identificações rituais não têm sentido se forem *meramente* performativas; o ritual dramático deve corresponder a uma realidade interna. As narrativas do povo de Deus, entretanto, deixam claro que tal estado moral interior é impossível de ser alcançado e mantido de maneira natural. Consequentemente, em várias passagens-chave, essa ênfase na transformação interior se volta para o futuro e está associada à necessidade do próprio Deus de estimular seu povo, intervindo de fora em um ato futuro de libertação. Isso se torna a substância da esperança para os profetas do Antigo Testamento. Notoriamente, Jeremias 31.31-34 fala da nova aliança que Deus fará, que incluirá uma transformação interior. "Porque esta é a aliança que firmarei com a casa de Israel, depois daqueles dias, diz o Senhor: Na mente, lhes imprimirei as minhas leis, também no coração lhas inscreverei; eu serei o seu Deus, e eles serão o meu povo" (31.33).

Ezequiel, por sua vez, usa imagens semelhantes de transformação, mas as associa com a linguagem do "espírito":

> Dar-lhes-ei um só coração, espírito novo porei dentro deles; tirarei da sua carne o coração de pedra e lhes darei coração de carne (11.19).

> Dar-vos-ei coração novo e porei dentro de vós espírito novo; tirarei de vós o coração de pedra e vos darei coração de carne. Porei dentro de vós o meu Espírito e farei que andeis nos meus estatutos, guardeis os meus juízos e os observeis (36.26-27).

Essas duas passagens se sobrepõem de uma maneira importante: ambas falam da lei (e seus decretos constituintes) sendo obedecida por meio de uma mudança interna operada pelo próprio Deus. A lei não é mais um padrão externo ao qual o povo de Deus se esforça para se conformar, mas está estampada em seu caráter. A sobreposição de linguagem dos textos (as palavras que eles compartilham) permitiria aos judeus lê-los juntos, intertextualmente. A dimensão jurídica não está isolada, no entanto, é mais bem entendida como pactual do que jurídica, pois seu propósito é assegurar a comunhão real expressa nas palavras "eu serei o seu Deus, e eles serão o meu povo" (Jr 31.33). Essa é uma questão de vida e bênção, pois Deus é a fonte de ambas. Portanto, em um contexto mais amplo, Ezequiel usa mais imagens do próprio Espírito de Deus trabalhando para trazer vida. A famosa passagem do "vale dos ossos secos" no capítulo 37 é uma metáfora visual impressionante do Espírito trabalhando para trazer vida onde há morte, para trazer esperança para o que não pode criar esperança por si mesmo.

Enfatizo tudo isso porque Paulo lê esses textos de transformação interior juntos em relação à nova aliança:

> Começamos, porventura, outra vez a recomendar-nos a nós mesmos? Ou temos necessidade, como alguns, de cartas de recomendação para vós outros ou de vós? Vós sois a nossa carta, escrita em nosso coração, conhecida e lida por todos os homens, estando já manifestos como carta de Cristo, produzida pelo nosso ministério, escrita não com tinta, mas pelo Espírito do Deus vivente, não em tábuas de pedra, mas em tábuas de carne, isto é, nos corações. E é por intermédio de Cristo que temos tal confiança em Deus; não que, por nós mesmos, sejamos capazes de pensar alguma coisa, como se partisse de nós; pelo contrário, a nossa suficiência vem de Deus, o qual nos habilitou para sermos ministros de uma nova aliança, não da letra, mas do espírito; porque a letra mata, mas o espírito vivifica (2Co 3.1-6).

Paulo aqui, de forma bastante impressionante, descreve a nova aliança como "não da letra, mas do espírito": a nova aliança é, caracteristicamente, a aliança do Espírito. Podemos ver aqui elementos de Jeremias 31 e elementos de Ezequiel 36 e 37 lidos juntos como descrevendo a mesma coisa. A imagem da lei divina e dos mandamentos escritos nos corações é agora reformulada em termos da carta de Cristo impressa em nosso ser interior; o modo de relacionamento com esses padrões é, portanto, diferente. Não são exigências externas pelas quais, se realizadas, adquirimos capital, mas características vinculadas ao próprio Cristo. Eu sou alguém em quem a lei de Deus foi inscrita; não é algo que realizo para adquirir crédito com ele, ou com as pessoas ao meu redor, mas algo que incorporo.

A CEIA DO SENHOR

Passando agora para a Ceia do Senhor, vemos que estamos firmemente no território da memória: "fazei isto em memória de mim" (1Co 11.24). Paulo representa essa memória como algo que é transmitido: "Recebi do Senhor o que também vos transmiti" (11.23, tradução minha), o que evidência algo do caráter tradicional e testemunhal da fé cristã. Uma memória foi compartilhada conosco por séculos de prática cristã. Acessamos essa memória apenas por intermédio de outras pessoas. Nós nos lembramos da cabeça por meio do ministério do corpo, e isso contribui para nosso senso de identidade. Isso não deixa espaço para um relato individualista da vida cristã. Meu próprio conhecimento de Jesus foi mediado por meio do corpo.

O ensino de Paulo sobre a Ceia do Senhor em 1 Coríntios 11 entende que o sacramento recorda formalmente a última refeição de Jesus e seus discípulos, e apresenta os elementos da refeição como revelando o verdadeiro significado da morte de Jesus. Alguns estudiosos argumentaram que essa conexão é tardia, imposta a uma cultura cristã primitiva difundida e diversa de banquetes comemorativos, que só tardiamente se tornou associada à celebração da morte de Jesus.[5] Mas a grande

---

5 Provavelmente, o proponente mais conhecido dessa visão é J. D. Crossan, *The Historical Jesus: The Life of a Mediterranean Jewish Peasant* (San Francisco: HarperOne, 1993), p. 360-67. Menos conhecido, mas mais influente, é Hans Lietzmann, *Mass and Lord's Supper: A Study in the History of the Liturgy*. Traduzido por Dorothea Holman Gessner Reeve (Leiden: Brill, 1979). Para uma avaliação crítica da literatura mais recente sobre essa abordagem, consulte P. Markus Nikkanen, "Participation

maioria dos estudiosos considera a conexão autêntica e antiga. A conexão entre a Última Ceia e a morte de Jesus é interessante, e, não menos importante, porque a Última Ceia está intimamente associada à Páscoa. Nos Evangelhos Sinópticos, a Última Ceia é representada como uma refeição pascal, que pode ter se parecido com um sêder judaico contemporâneo, dependendo de até onde essas tradições podem ser rastreadas. No Evangelho de João, o momento da refeição final parece ser ligeiramente diferente; acontece antes da Páscoa, de modo que a morte de Jesus é representada como ocorrendo no momento em que os cordeiros da Páscoa são mortos. Existem várias maneiras de explicar as diferenças entre esses relatos e conciliar os detalhes, as quais não exploraremos aqui. Em vez disso, simplesmente observamos que, de maneiras diferentes, tanto os Sinópticos quanto João conectam explicitamente o significado da Páscoa à morte de Jesus.

Como discutido acima, a Páscoa é uma festa que envolve uma identificação dramática com os eventos da Páscoa original, de tal forma que o celebrante pode autenticamente dizer: "Esta é a *minha* história". Os Sinópticos relatam que Jesus pegou os elementos dessa dramática reconstituição e os reinterpretou como testemunhas do significado de sua morte. A descrição mais curta é aquela em Marcos:

> E, enquanto comiam, tomou Jesus um pão e, abençoando-o, o partiu e lhes deu, dizendo: Tomai, isto é o meu corpo.
> A seguir, tomou Jesus um cálice e, tendo dado graças, o deu

in Christ: Paul and Pre-Pauline Eucharistic Tradition." PhD diss., University of Aberdeen, 2018.

aos seus discípulos; e todos beberam dele. Então, lhes disse: Isto é o meu sangue, o sangue da [nova] aliança, derramado em favor de muitos. Em verdade vos digo que jamais beberei do fruto da videira, até àquele dia em que o hei de beber, novo, no reino de Deus (14.22-25).

O relato de Mateus é quase idêntico, exceto que as palavras "para remissão dos pecados" estão anexadas à descrição do sangue derramado por muitos (26.28). O relato de Lucas, que é mais parecido com o de Paulo, é ainda um pouco diferente: o corpo é descrito como "oferecido por vós" (22.19), e o cálice é descrito como "da nova aliança no meu sangue" (22.20).

Novamente, há uma discussão mais ampla sobre como essas diferenças podem ser contabilizadas. Teologicamente, o que é mais importante para nós é a maneira como os Evangelhos, considerados lado a lado no cânon, evocam (ou invocam) uma série de passagens do Antigo Testamento que contribuem para nossa compreensão crescente do significado da Ceia. A expressão marcana e mateana "sangue da aliança" corresponde, palavra por palavra, à linguagem usada em Êxodo 24.8: "Então, tomou Moisés aquele sangue, e o aspergiu sobre o povo, e disse: Eis aqui o sangue da aliança que o Senhor fez convosco a respeito de todas estas palavras". Isso é interessante porque não estamos falando, aqui, do sangue de um cordeiro pascal, nem do animal oferecido em um sacrifício pelo pecado ou pela culpa; as palavras descrevem muito especificamente o sangue do sacrifício único associado à instituição da aliança mosaica. O papel do sangue nessa cerimônia era propriamente de santificação e ratificação: marcava aqueles sobre os quais era aspergido como separados para o relacionamento com o Deus Santo e selava o acordo entre as partes.

A versão lucana e paulina das palavras, entretanto, invoca a promessa da nova aliança que se encontra em Jeremias 31.31-34, que já mencionamos como uma das passagens que falam da necessidade de transformação interior:

> Eis aí vêm dias, diz o Senhor, em que firmarei *nova aliança* com a casa de Israel e com a casa de Judá. Não conforme a aliança que fiz com seus pais, no dia em que os tomei pela mão, para os tirar da terra do Egito; porquanto eles anularam a minha aliança, não obstante eu os haver desposado, diz o Senhor. Porque esta é a aliança que firmarei com a casa de Israel, depois daqueles dias, diz o Senhor: Na mente, lhes imprimirei as minhas leis, também no coração lhas inscreverei; eu serei o seu Deus, e eles serão o meu povo. Não ensinará jamais cada um ao seu próximo, nem cada um ao seu irmão, dizendo: Conhece ao Senhor, porque todos me conhecerão, desde o menor até ao maior deles, diz o Senhor. Pois perdoarei as suas iniquidades e dos seus pecados jamais me lembrarei (Jr 31.31-34, grifo nosso).

Estamos lidando, então, com um conjunto de alusões que cria correspondências e distinções entre as alianças: a vida na comunidade eucarística é, ao mesmo tempo, semelhante e diferente da vida sob a antiga aliança. A história de Moisés e o êxodo agora é relativizada em relação à história da morte de Jesus, cujo sangue é o verdadeiro sangue da aliança que é diferente da aliança que foi quebrada. Como um ato de memória, a Ceia do Senhor nos convida a compartilhar a memória não só de Jesus, mas de Jesus e seus discípulos em comunhão. Eles comem uma refeição que envolve uma identificação coletiva e performativa com as experiências da geração do êxodo, e Jesus então *reidentifica* o significado dos elementos com sua morte. Nós nos lembramos, especificamente, dele ("fazei isto em memória de mim"), mas o fazemos em um drama que nos coloca junto com os discípulos como as doze tribos que ceiam com seu mediador e obtêm sua vida dele.

Dois pontos se destacam na citação de Jeremias, especialmente quando considerada à luz do que vimos ao longo deste estudo. O primeiro é a ênfase em uma realidade diferente sendo inserida em nós com efeitos transformacionais: escreverei *minha* lei em *seus* corações. O segundo, um corolário disso, é o impacto que essa mudança tem sobre o valor da mercadoria da justiça e do conhecimento: "Não ensinará jamais cada um ao seu próximo, nem cada um ao seu irmão, dizendo: Conhece ao Senhor, porque todos me conhecerão, desde o menor até ao maior deles, diz o Senhor" (31.34a). Entendida em relação à profecia de Jeremias – como a narrativa da Última Ceia exige – a nova aliança rejeita todas as tentativas de se possuir status, dentro da comunidade, com base em um percebido capital de conhecimento ou justiça: todos, igualmente, conhecem o Senhor e desfrutam de seu perdão. Como veremos, isso é particularmente interessante no contexto de 1 Coríntios 11.

Antes de passarmos a considerar 1 Coríntios 11, permita-me mencionar mais um texto que funciona como pano de fundo. O relato de Lucas, ecoado no de Paulo, especifica que o corpo representado pelo pão é "oferecido por vós" (Lc 22.19). Paulo omite a palavra "oferecido" e simplesmente coloca "por vós" ou, como poderíamos traduzir, "em seu favor" (1Co 11.24). A palavra traduzida por "oferecido" é *didōmi* (Lc 22.19), uma palavra grega que está na raiz de várias outras: quando um prefixo é anexado, ela assume um significado particular ou adquire uma certa sutileza. Embora a descrição de Paulo sobre a ceia omita essa palavra, 1 Coríntios 11.23 contém dois exemplos marcantes da forma prefixada *paradidōmi*, que aparece na expressão "na noite em que foi traído" (*en tē nykti hē paredideto*) e quando Paulo fala em transmitir a tradição que recebeu (*ho kai paredōka hymin*). Embora possa soar como se estivéssemos pressionando demais o significado de uma palavra, vários estudiosos viram a repetição de *paradidōmi* como ecoando seu uso na versão grega de Isaías 53.6,12:[6]

> Todos nós andávamos desgarrados como ovelhas; cada um se desviava pelo caminho, mas o Senhor fez cair sobre ele [*paredōken*, entregou-o] a iniquidade de nós todos [cf. heb. "lançou sobre ele a iniquidade de todos nós"] ... Por isso, eu lhe darei muitos como a sua parte, e com os poderosos repartirá ele o despojo, porquanto derramou [*paredothē*, "entregue"; cf. heb. "ele se entregou"] a sua alma na morte; foi contado com os transgressores; contudo, levou sobre si o pecado de muitos e pelos transgressores intercedeu [*paredothē*, foi entregue; cf. heb. "ele fez intercessão"].[7]

---

6 Sobre essas alusões, veja Richard B. Hays, *First Corinthians*. Interpretation (Louisville: Westminster John Knox, 1997), p. 198.
7 Lancelot Brenton, *The Septuagint with Apocrypha in English* (London: Samuel & Bagster, 1851), com minhas anotações.

A frequência com que a palavra é usada dentro de um intervalo relativamente curto de versos sugere que 1 Coríntios 11.23 está de fato aludindo a Isaías 53, mas o ponto significativo é que a linguagem se refere repetidamente a algum ato de substituição, qualquer que seja sua concepção.

Então, o que temos em 1 Coríntios 11 é a aplicação da Ceia do Senhor, por Paulo, à identidade moral da igreja de Corinto: é um ato que performatiza uma memória do que Jesus fez em comunhão com sua nação pactual de doze discípulos. A própria ação de Jesus é compreendida em relação à memória da aliança paradigmática do êxodo, na qual se manifesta a relação distinta de Israel com Deus e com o mundo. Isso agora é reconfigurado em relação ao seu ato de representação, pelo qual somos libertados da iniquidade e suas consequências. Ele nos despoja de qualquer noção de ter um capital próprio diante de Deus e, em vez disso, nos coloca como beneficiários de Cristo, participando de sua bondade.

Antes de investigar a carga ética que isso carrega no argumento de Paulo em 1 Coríntios, quero fazer uma observação importante que é amplamente verdadeira sobre o ensino ético de Paulo, não apenas sobre o que ele diz a respeito da Ceia do Senhor. Paulo consistentemente aponta para o que a igreja é em Cristo como a base de como ela deveria viver, ao invés de apontar para o que ela poderia ser se apenas conseguisse agir de maneira moral adequada. De forma consistente, ele diz: "Isso é o que vocês são, então comece a viver de acordo, porque agora vocês são monstruosamente inconsistentes com isso". A lógica não é tanto que ainda não tenhamos realizado nosso potencial, mas na verdade é muito mais contundente: nossas falhas morais violam nossa identidade em Cristo.

SANTIDADE E SEPARAÇÃO

Qual é, então, o papel da Ceia do Senhor no ensino ético de Paulo? Em primeiro lugar, ele articula a santidade dos participantes como participantes da identidade de Jesus e a incompatibilidade básica dessa santidade com a participação na idolatria: você não está no Egito ou na Babilônia; você está em Cristo. Estou usando a palavra "participação" deliberadamente. Em 1 Coríntios 10, Paulo leva seus leitores de volta à história das peregrinações de Israel pelo deserto após o êxodo, apresentando-os como um povo que bebeu da rocha de Cristo – isto é, como pessoas que experimentaram a bênção do evangelho em algum sentido –, mas que ainda eram vulneráveis ao perigo da idolatria. Da mesma forma, aqueles na igreja, hoje, que beberam de Cristo, são vulneráveis às seduções da idolatria. À medida que o capítulo avança, Paulo fala do cálice e do pão como meios de "compartilhar" o corpo e o sangue de Jesus (10.16, tradução minha). A palavra que ele usa é o conhecido termo *koinōnia*, que pode significar comunhão, mas no qual há um reconhecimento de correspondência ou identificação entre os membros: algo é comum a todos eles. No próximo versículo, ele usa uma palavra diferente, o verbo *metechō*, para falar de nossa participação no único pão, pelo qual muitos são feitos um. Voltarei ao tema da unidade em um momento, mas aqui quero observar o paralelo que Paulo, então, traça entre aqueles que participam da Ceia do Senhor, na Mesa do Senhor, e a relação de Israel com o altar:

> Considerai o Israel segundo a carne; não é certo que aqueles que se alimentam dos sacrifícios são participantes do

altar? Que digo, pois? Que o sacrificado ao ídolo é alguma coisa? Ou que o próprio ídolo tem algum valor? Antes, digo que as coisas que eles sacrificam, é a demônios que as sacrificam e não a Deus; e eu não quero que vos torneis associados aos demônios (1Co 10.18-20).

Essa passagem é interessante porque Paulo está procurando anular qualquer percepção de que os ídolos têm substância ou significado, e advertir os cristãos a não tomarem parte nas festas dos ídolos. Ele está ciente do perigo de que considerar apropriadamente os ídolos como sendo vazios da divindade real, pode levar à visão de que estar presente em uma festa de ídolos é uma questão indiferente, que não há problema. Ele responde a isso enfatizando que sempre há uma participação em ação: se você se sentar à mesa de um demônio (mesmo que esse demônio seja apenas uma ficção), você está participando da identidade desse demônio, participando de tudo que o demônio representa e significa no mito de seus adoradores. Se você se senta à mesa do Senhor, você participa de sua identidade e de tudo o que ela representa. Você não pode participar de ambas as identidades, porque são incompatíveis.

Essa maneira de pensar sobre a tomada de decisão moral é bastante diferente do tipo de modelo de comando-obediência que frequentemente usamos: ela nos leva aos próprios fundamentos de como nossa participação na identidade de Jesus, realizada no sacramento da Ceia do Senhor, nos posiciona em relação ao mundo. Assim como a participação de Israel no altar constantemente representava uma identidade monoteísta que reconhecia o ciúme necessário a um relacionamento de aliança com o único Deus, também nossa participação na Ceia do Senhor representa ou performatiza uma identidade monoteísta ciumenta.

Uma lógica semelhante está em ação, alguns capítulos antes na carta, no ensino de Paulo sobre moralidade sexual nos capítulos 5 e 6. Essas não são passagens onde Paulo está explicitamente pensando sobre a Ceia do Senhor, mas mesmo aqui há indícios de que ele está pensando eucaristicamente sobre a ética cristã.[8] No capítulo 6 ele escreve:

> Não sabeis que os vossos corpos são membros de Cristo? E eu, porventura, tomaria os membros de Cristo e os faria membros de meretriz? Absolutamente, não. Ou não sabeis que o homem que se une à prostituta forma um só corpo com ela? Porque, como se diz, serão os dois uma só carne. Mas aquele que se une ao Senhor é um espírito com ele (1Co 6.15-17).

Observe a semelhança dessa linguagem com o capítulo 10 e com a descrição do corpo no capítulo 12, logo após o relato da eucaristia no capítulo 11. Ser membro do corpo não é um símbolo aqui, mas uma realidade. Imediatamente depois disso, Paulo fala do corpo como o templo do Espírito Santo, que é uma declaração que designa o crente como um espaço sagrado, uma entidade santa que não deve ser contaminada por nenhuma impureza; o problema com a imoralidade sexual é precisamente que ela é incompatível com a santidade associada ao crente em união com Cristo. Ela profana ativamente o sagrado.

---

8 Estou em dívida com Markus Nikkanen, cujo trabalho citei várias vezes, por destacar até que ponto a ética de Paulo, no capítulo 5, é moldada por noções da aliança de pureza e muito especificamente as conexões entre elas e a Páscoa.

Curiosamente, a ênfase na pureza aqui é antecipada em 1 Coríntios 5.6-8 pela reapropriação das imagens da Páscoa em conexão com o sacrifício de Jesus:

> Não é boa a vossa jactância. Não sabeis que um pouco de fermento leveda a massa toda? Lançai fora o velho fermento, para que sejais nova massa, como sois, de fato, sem fermento. Pois também Cristo, nosso Cordeiro pascal, foi imolado. Por isso, celebremos a festa não com o velho fermento, nem com o fermento da maldade e da malícia, e sim com os asmos da sinceridade e da verdade (1Co 5.6-8).

A jactância aqui se refere especificamente à moralidade sexual, então estamos realmente na mesma unidade de pensamento do capítulo 6. A imagem de pureza que Paulo usa é a de preparação para a refeição da Páscoa: a casa (na verdade, toda a comunidade) deve ser sem fermento, cuja presença comprometerá fundamentalmente a santidade da celebração. A este respeito, Paulo aponta para a nova identidade daqueles que são membros da comunidade: eles devem descartar o fermento antigo para que possam ser uma nova fornada (não uma nova fornada de fermento, mas uma nova fornada de pão, um novo pão). Entretanto, mesmo essa declaração de propósito tem a ver com perceber o que a comunidade já é de fato: "como sois, de fato, sem fermento" (5.7). Ele prossegue identificando Cristo como o cordeiro pascal e exortando a comunidade a celebrar a festa de maneira adequada, com o pão novo e não com o fermento velho. Assim, mesmo no capítulo 5 – e alguns capítulos removidos das discussões da Ceia do Senhor no capítulo 10 e no capítulo 11 – Paulo pensa sobre a moralidade da vida cristã, especificamente, a moralidade da vida sexual, em termos que são esclarecidos particularmente pelo Ceia do senhor.

É impressionante, além disso, que de todos os lugares no Antigo Testamento para os quais ele poderia ter direcionado os coríntios para moldar seu pensamento sobre a moralidade sexual, ele não os direciona para os lugares óbvios onde poderíamos ir – Gênesis 1 e 2, talvez, ou as leis sobre sexo no Pentateuco – mas para os preparativos da Páscoa. A lei talvez seja assumida como o padrão que define o que é uma conduta apropriada e o que não é uma conduta apropriada, mas a imagem da Páscoa, redefinida por meio da Ceia do Senhor, fornece a base fundamental para a instrução de Paulo. Ele leva os coríntios de volta às questões mais básicas de identidade, e identidade entendida ontologicamente, em termos *do que eles são*: vocês *são* em um sentido simbólico, mas real, sem fermento, e vocês o são porque estão unidos a Cristo, então livrem-se do fermento velho que se agarra a vocês.

Para aqueles de nós que estão envolvidos no discipulado de outros cristãos – e, em alguns aspectos, isso diz respeito a todos nós – essa característica particular do ensino moral de Paulo é de vital importância. Paulo nunca permite que questões morais sejam consideradas isoladamente de nossa identidade em Cristo. Ele nunca permite que elas se tornem problemas em si mesmo, coisas que podemos fazer ou atividades que podemos realizar para sermos considerados em conformidade com um certo padrão. Seu uso de imagens eucarísticas nos leva de volta à base da bondade manifestada no crente e na comunidade de crentes, a presença pessoal de

Cristo. "Já não sou eu quem vive, mas Cristo vive em mim"; eu sou santo porque ele é santo. É importante perguntarmos se empregamos uma estratégia semelhante ou se – ao contrário de Paulo, e mais como os fariseus e o partido da circuncisão – começamos com as questões, com definições de posições éticas cristãs, e não enfatizamos a cada momento que isso se tornará uma questão de idolatria, se for abordado à parte de nossa união com Cristo.

UNIDADE

Além de falar sobre a pureza da comunidade, a Ceia do Senhor fala da prática da unidade dentro dela. Mesmo nos versículos que acabamos de considerar, que tratam principalmente da pureza sexual, Paulo usou uma linguagem que exige a prática do amor e da paz (ver 1Co 5.8 e 6.15-17, citado acima). A declaração de Paulo em 1 Coríntios 6.15-17, em particular, antecipa muito da linguagem que Paulo usará em 1 Coríntios 10, 11 e 12 a respeito da unidade cristã: somos membros de Cristo e do único Espírito que compartilhamos com ele, por isso também compartilhamos uns com os outros em Cristo. Assim, enquanto no capítulo 6, o ensino de Paulo sobre a união com Cristo se refere à moralidade sexual, nos capítulos 10-12, essa mesma linguagem se refere à unidade e à paz.

A palavra "um" se torna uma espécie de tema ao longo dos capítulos 10-12:

> Porque nós, embora muitos, somos unicamente um pão, um só corpo; porque todos participamos do único pão (10.17).

> Pois, em um só Espírito, todos nós fomos batizados em um corpo, quer judeus, quer gregos, quer escravos, quer livres. E a todos nós foi dado beber de um só Espírito (12.13).

Como observamos no capítulo anterior, a ênfase de Paulo na unidade está ancorada na unidade do próprio Deus, com a apropriação do Shemá em 1 Coríntios 8.6 desempenhando um papel fundamental no desenvolvimento do pensamento de Paulo.

> Porque, ainda que há também alguns que se chamem deuses, quer no céu ou sobre a terra, como há muitos deuses e muitos senhores, todavia, para nós há um só Deus, o Pai, de quem são todas as coisas e para quem existimos; e um só Senhor, Jesus Cristo, pelo qual são todas as coisas, e nós também, por ele (8.5-6).

Deus é um, e aqueles que estão unidos a um Deus por meio do único mediador, Jesus, por um só Espírito são, portanto, um. Sua unidade reside não em acordo moral ou doutrinário, mas em sua união compartilhada, simbolizada nos elementos da Ceia do Senhor. Certamente há algumas perguntas a fazer sobre como relacionamos isso ao ensino de Paulo a respeito de se evitar aqueles que são imorais, mas a premissa central do pensamento de Paulo é clara: somos um porque somos unidos pelo Espírito, por meio do Filho, para o único Deus. Para repetir o que afirmamos no capítulo anterior, a lógica de Paulo está em total desacordo com o tipo de trinitarianismo social que é frequentemente encontrado em um nível popular em nossa teologia: a unidade da igreja não é uma emulação de uma dança aperfeiçoada de comunhão entre três pessoas, mas uma manifestação da unidade essencial de Deus.

Seria fácil fazer algumas observações bastante triviais sobre essa unidade, mas o que quero é chamar a atenção para como o pensamento de Paulo sobre a unidade eucarística une alguns dos fios que vimos em ação nos contextos bíblicos por trás da Ceia do Senhor. Eles vão além das banalidades e entram na dinâmica sutil de como a Ceia do Senhor contrapõe nosso instinto de nos elevarmos, de sermos auto idólatras.

A Ceia do Senhor é, como vimos, uma refeição pactual: o cálice significa o sangue da aliança de Jesus e, portanto, a santificação dos participantes como uma comunidade sagrada estabelecida em um relacionamento especial com Deus. Mas é, especificamente, uma nova refeição pactual, que entende essa comunidade em termos da expectativa de Jeremias de que "todos me conhecerão, desde o menor até ao maior", e "Não ensinará jamais cada um ao seu próximo, nem cada um ao seu irmão" (31.34). A profecia de Jeremias antecipa uma comunidade de crentes na qual as coisas que normalmente nos estratificam em categorias de menor e maior – riqueza, sabedoria, justiça – não podem mais ser mercantilizadas dessa forma. Não existe "menor" e não existe "maior", pois todos conhecerão a Deus. Visto que 1 Coríntios começa com uma discussão das facções que se formaram em torno de grandes mestres – "Eu sou de Paulo, e eu, de Apolo, e eu, de Cefas" (1.12) – é significativo que Paulo eventualmente apresente a eucaristia nos termos da nova aliança de Jeremias. Quando ele exorta aqueles que firmaram tais facções perguntando: "Acaso,

Cristo está dividido?" (1.13), ele está desafiando não apenas as facções que se opõem por causa das diferenças doutrinárias de seus professores – não estou certo de que havia uma desunião tão gritante *desse tipo* –, mas sim o problema de que essas facções são a base para relativizar o valor daqueles que pertencem a elas. Elas são como casas de fraternidade em um campus universitário: a desunião não é necessariamente uma questão de conflito entre elas (embora haja alguma referência a isso no texto), mas uma questão de quais são considerados os mais legais. Por outro lado, a expressão da verdadeira unidade não é necessariamente sobre a ausência de conflito, mas sobre a avaliação adequada daqueles que rejeitamos como "menores". Então, em 1 Coríntios 12, Paul escreve:

> Pelo contrário, os membros do corpo que parecem ser mais fracos são necessários; e os que nos parecem menos dignos no corpo, a estes damos muito maior honra; também os que em nós não são decorosos revestimos de especial honra. Mas os nossos membros nobres não têm necessidade disso. Contudo, Deus coordenou o corpo, concedendo muito mais honra àquilo que menos tinha, para que não haja divisão no corpo; pelo contrário, cooperem os membros, com igual cuidado, em favor uns dos outros (12.22-25).

Em 1 Coríntios 11, a questão é provavelmente mais relacionada à questão da classe econômica: Paulo fala daqueles que não têm nada (*tous mē echontas*, 11.22) sendo humilhados por outros que comem e bebem sem se importar com eles.

Essa situação provavelmente reflete a estratificação das refeições de acordo com a posição social dos presentes: os que nada tem são os últimos a comer, no final da celebração quando já não há mais nada.

Para Paulo, isso está em desacordo com a verdadeira unidade do corpo, conforme representada na Ceia do Senhor. Todos conhecem a Deus, do menor ao maior; todos pertencem a um corpo; todos beberam do mesmo Espírito, mas alguns são tratados como se fossem menos do que outros. A linguagem dos que não têm (*tous mē echontas*) é uma reminiscência dos "não são" (*ta mē onta*) acerca dos quais Paulo fala como os objetos da eleição divina em 1 Coríntios 1: "pelo contrário, Deus escolheu as coisas loucas do mundo para envergonhar os sábios e escolheu as coisas fracas do mundo para envergonhar as fortes; e Deus escolheu as coisas humildes do mundo, e as desprezadas, e aquelas que não são [*ta mē onta*], para reduzir a nada as que são; a fim de que ninguém se vanglorie na presença de Deus" (1.27-29). Essa é uma negação tão fundamental do conceito de capital quanto se possa imaginar: Deus escolheu aqueles que "não são" para anular aqueles que "são", o que não é "ninguém" para anular aquele que crê ser "alguém". Então como podemos atribuir glória àqueles que percebemos como poderosos, seja por causa de sua riqueza ou de sua sabedoria? A linguagem de Paulo sobre os que "não são" – aqueles que não têm nada – em 1 Coríntios 11 parece ecoar isso.

Ao mesmo tempo, o eco aparentemente deliberado de Paulo de Isaías 53 em seu relato da Última Ceia lembra aos participantes algo vital: eles estão lá à mesa apenas por causa do sacrifício de outra pessoa. A tradição da eucaristia só pode ser "entregue" *a* eles porque outra pessoa foi "entregue" *por* eles. Eles nada fizeram para merecer seu lugar à mesa ou para garantir um determinado lugar de honra; se não fosse pela substituição de outro, suas iniquidades ainda estariam contra eles. Eles estão nessa mesa apenas porque Jesus merece estar lá e porque eles estão unidos a ele. A Ceia do Senhor declara que a identidade deles é agraciada e exige que essa graça seja aplicada em sua avaliação em relação aos outros.

Tomados em conjunto, estes fios de significado da Ceia do Senhor devem ter um impacto profundo na nossa identidade moral: pela graça eu fui unido a Jesus e, portanto, partilho da sua santidade, como fazem outros que professam que ele é o Senhor. Eu não posso me vangloriar; não posso reivindicar nenhum capital moral ou intelectual que mereça ser respeitado pelos outros; só posso agradecer ou, para usar o termo grego para isso, "eucaristia". Ao divulgar o evangelho ao mundo, faço isso como alguém que não tem motivos para se vangloriar; ao buscar treinar e ensinar outros sobre Deus, faço isso como alguém que não tem motivos para se vangloriar; e ao me relacionar com outras partes da igreja, faço isso como alguém que não tem motivos para se vangloriar.

Mas é aqui que a coisa começa a ficar séria. E se minha pureza não se estender à minha vida privada? E se isso se estender apenas à esfera pública, onde as pessoas veem minha "retidão"? E se a minha igreja demonstra um grau de respeito a mim que excede o demonstrado por outra pessoa porque eu aparentemente sei mais do que eles sobre a Bíblia ou sobre a doutrina? E se eu mostrar deferência e respeito a um colega acadêmico ou pastor inteligente e bem-vestido que não demonstrou a alguém que está desempregado ou que tem problemas de saúde mental? Se um eminente professor de Bíblia aparecesse em sua igreja no domingo, você clamaria por conhecê-lo, e você gostaria de falar com ele mais do que gostaria de falar com a velha viúva que sempre exige um abraço de você? Em caso afirmativo, pergunte bem devagar e com cuidado, por quê?

Para Paulo, isso ocorre porque ainda estamos encerrados em corpos que estão constitucionalmente comprometidos pelo pecado. A ressurreição de Jesus afeta nossas vidas, mas nossos corpos sentem o peso da corrupção e estão acorrentados ao túmulo. Eles ainda procuram ídolos instintivamente. Nosso próximo capítulo examinará com mais profundidade a maneira como nossa nova identidade e a antiga se relacionam. Mas a resposta de Paulo à persistência da "carne" está em pontos-chave que nos conduzem aos sacramentos e sua declaração de identidade. Essa declaração envolve memória: nós nos lembramos de um momento particular no tempo, um ponto particular na história do mundo que agora é a *nossa* história. Essa memória não é nossa, mas de outra pessoa, e ainda assim a encenamos continuamente porque ela nos diz quem somos. Somos membros da aliança, beneficiários de um ato de substituição que faz mais do que simplesmente nos conceder perdão: ele define quem somos.

CONCLUSÃO

Este capítulo considerou a maneira como Paulo se baseia em uma tradição de memória performada associada à Páscoa para representar e promover a identidade moral cristã *em Cristo*. Comemos uma refeição, como Jesus e seus discípulos faziam, uma refeição que é revestida de memórias que definem identidades. Não são memórias de coisas que aconteceram conosco, mas de coisas que aconteceram a outra pessoa. No entanto, ao realizá-las, nós as tornamos nossas. Nós as habitamos e elas moldam nosso senso de quem somos.

Para Paulo, isso faz mais do que simplesmente evocar a sensação de que somos definidos por nosso relacionamento com Jesus. Isso molda a maneira como pensamos sobre essa definição e suas implicações em como vivemos. Esse é um dos pontos cruciais em que meu próprio relato da identidade moral e de transformação difere daqueles frequentemente rotulados como pertencentes à escola do "Paulo apocalíptico"; meu relato se aproxima mais de uma interpretação calvinista do que luterana a respeito de Paulo. Assumo essa posição porque Paulo retém muitas das alusões pactuais que marcam a Páscoa e porque ele emprega algumas das categorias da aliança. Em particular, ele emprega a pureza da aliança para lidar com questões éticas que vão desde a participação em festas cívicas de ídolos até a imoralidade sexual. Seu pensamento é profundamente moldado pela aliança e pela lei, no que se refere a assuntos rituais. Embora seu pensamento sobre a lei em relação à origem e caráter de sua própria justiça possa ter mudado, ele não abandonou sua função normativa na ética cristã, onde ajuda a mostrar o que é bom e o que é mau. Na verdade, como Bradley Bitner destacou recentemente, a lei desempenha um papel fundamental na constituição distinta da igreja de Corinto, diferenciando-a da cidade de Corinto em geral por ter sua própria distinção moral e econômica.[9]

---

9 Bradley J. Bitner, *Paul's Political Strategy in 1 Corinthians 1–4: Constitution and Covenant*. SNTSMS 163. (Cambridge: Cambridge University Press, 2015).

De modo geral, esse reconhecimento é refletido nas tradições reformadas influenciadas por Calvino, que tendem a operar com uma teologia da aliança que continua a apreciar o valor da lei.

Em relação ao discipulado, o ponto óbvio é que nossas próprias práticas devem refletir essa ênfase no sacramento. A eucaristia ou Ceia do Senhor deve desempenhar um papel crucial em nossos esforços para formar os cristãos como discípulos. Em vez de ser a rotina vazia que às vezes é para nós, ou a atuação individualista de receber Cristo, a ceia deve ser realizada conscientemente como um ato de memória performativa, feito na presença do Espírito de Deus, pelo qual nos definimos em união com Cristo. Ao habitar *essa* memória particular, nós nos definimos contra os valores mundanos, tomamos a cruz e nos alinhamos com Deus. E fazemos isso juntos, como uma multidão diversa unida ao único Deus através de um único mediador pelo único Espírito, com uma unidade representada no único pão que comemos e no único copo que bebemos. Ou seja, nós nos definimos em contraste com o mundo, mas em solidariedade uns com os outros. Saímos do Egito em Cristo, nossa Páscoa, e o fizemos juntos. Se vivemos de uma maneira que falha em discernir a unidade do corpo de Cristo e a subdivide com base na doutrina ou no valor percebido, comemos e bebemos para nossa própria condenação. Isso dificilmente se enquadra com a ideia de que nossa resposta ao evangelho é imaterial.

Até aqui, pouco falei sobre a maneira como a Ceia do Senhor nos orienta em direção ao futuro: proclamamos sua morte "até que ele venha" (1Co 11.26). A localização da vida cristã entre o advento e o retorno de Jesus, e as implicações disso para nossa identidade, serão a substância de nossos próximos dois capítulos, mas a essa altura podemos fazer uma observação simples. Como o batismo, a Ceia do Senhor realiza dramaticamente o passado de Jesus de uma forma que nos direciona para o seu futuro e afirma que esse futuro também será nosso. A Ceia do Senhor nos lembra, cada vez que participamos dela, que nossa condição moral atual não é nosso estado final. Mais importante, nos lembra que o estado final não será alcançado por meio de um processo gradual de crescimento moral, mas envolverá um outro evento disjuntivo que mudará tudo decisivamente. Ele virá e nós seremos transformados.

CAPÍTULO 5

Clamando "Aba" nas ruinas da guerra

o Espírito e a presença de Cristo

No último capítulo, consideramos a representação da identidade cristã que se traduz na Ceia do Senhor e encerramos observando que enquanto nos lembramos do passado de Jesus, antecipamos seu futuro: proclamamos sua morte "até que ele venha". Somos, então, identificados entre dois pontos no que às vezes é denominado "a tensão do já e ainda não" – e o espaço que ocupamos é marcado pelo conflito. Existem várias maneiras de representar e relacionar esse conflito com a experiência da vida cristã, e o objetivo deste capítulo é considerá-las. Muito disso, tenho certeza, será bastante familiar para o leitor. Considerar os textos em relação à identidade moral, no entanto, pode nos fazer apreciar algumas questões familiares de maneiras um tanto diferentes: a tensão que experimentamos não é apenas sobre o que fazemos e o contexto no qual o fazemos, mas sobre quem somos agora e quem nós seremos.

O título deste capítulo pretende evocar dois textos em particular dentro do corpus paulino, Romanos 8.15 e Gálatas 4.6, embora exploraremos um pouco mais amplamente em torno dos escritos de Paulo. Esses textos continuam a desenvolver o sentido de que nossa identidade está localizada "entre os tempos", envolvendo uma guerra dramática entre o velho e o novo, a carne e o espírito, que nos deixará chorando a Deus de angústia. Crucial para esses textos, e para o pensamento moral de Paulo de forma mais ampla, é o reconhecimento de que esse conflito envolve o confronto da identidade de "filho" contra o pecado. Embora possamos desejar usar uma linguagem de gênero mais inclusiva para descrever a vida cristã, esse termo em particular é vital porque representa nosso conflito com o pecado e a carne como uma manifestação da identidade moral particular de Jesus, o Filho, trabalhando em nós. Esse reconhecimento é extremamente importante em relação a como falamos e entendemos o lugar do Espírito nos conflitos da vida cristã: se não compreendermos adequadamente o caráter filial da vida cristã, tenderemos a ver o Espírito simplesmente como um poder infundido que nos dá força para fazer o que não poderíamos fazer sem ele, um suplemento que nos dará energia para continuar indo além de nossos limites normais. Se apreciarmos o caráter filial do conflito, no entanto, reconheceremos a importância da identificação do Espírito, por Paulo, como "o Espírito de seu Filho" (Gl 4.6). Isso terá um impacto enorme em como concebemos o Espírito e sua obra em nós.

GÁLATAS 4: ADOÇÃO E IDENTIDADE CRISTÃ

Nos primeiros dois capítulos deste livro, traçamos algumas das linhas principais de pensamento por meio da epístola de Paulo aos Gálatas. Vimos que seu relato autobiográfico se baseia na afirmação "já não sou eu quem vive, mas Cristo vive em mim" (Gl 2.20) e que sua descrição central da identidade cristã em 3.26-27 centra-se no significado do batismo: todos os que foram "batizados em Cristo", dele se revestiram.

Em Gálatas 4.1-7, ele revela o que isso significa para nós: nós nos revestimos de Cristo, o Filho e, como resultado, compartilhamos de seu clamor relacional "Aba, Pai".

> Digo, pois, que, durante o tempo em que o herdeiro é menor, em nada difere de escravo, posto que é ele senhor de tudo. Mas está sob tutores e curadores até ao tempo predeterminado pelo pai. Assim, também nós, quando éramos menores, estávamos servilmente sujeitos aos rudimentos do mundo; vindo, porém, a plenitude do tempo, Deus enviou seu Filho, nascido de mulher, nascido sob a lei, para resgatar os que estavam sob a lei, *a fim de que recebêssemos a adoção de filhos*. E, porque vós sois filhos, enviou Deus ao nosso coração o Espírito de seu Filho, que clama: Aba, Pai! De sorte que já não és escravo, porém filho; e, sendo filho, também herdeiro por Deus (grifo nosso).

O que é enfatizado particularmente nesse texto é que o propósito da obra de salvação de Deus é "a fim de que" (*hina*) possamos receber "adoção de filhos" (4.5). A palavra para adoção é *huiothesia*, e é uma palavra frequentemente vista como tendo origem jurídica romana. Como destaquei em outro lugar, é uma palavra que se aplica distintamente aos crentes e ao novo relacionamento com Deus ao qual são introduzidos; nunca é aplicada a Jesus.[1] Ele é o Filho não por causa de um ato de adoção, mas por causa de sua própria relação ontológica com o Pai. Ele é distinta e exclusivamente "o Filho", e isso

---

1 Alguns argumentaram que Romanos 1.3-4 ("com respeito a seu Filho, o qual, segundo a carne, veio da descendência de Davi e foi designado [ou "nomeado"] Filho de Deus com poder, segundo o espírito de santidade pela ressurreição dos mortos, a saber, Jesus Cristo, nosso Senhor") deve ser lido como uma indicação da adoção de Jesus ao status especial de "o Filho". Isso é entendido como um reflexo da cristologia mais antiga, rastreável também nos Evangelhos, que considera Jesus como um ser humano normal que é especialmente capacitado com o Espírito ao ser adotado no papel messiânico. Muito gira em torno do significado da palavra *horisthentos*, que pode ser traduzida como "nomeado", "determinado" ou (como na maioria das traduções) "designado", mas o uso da palavra "carne" também é importante. Enquanto a cristologia clássica entende a passagem em termos das duas naturezas de Cristo, aqueles que defendem a posição adocionista argumentam que as referências à carne e ao Espírito devem ser lidas com a força escatológica que muitas vezes carregam em Paulo. Ou seja, "carne" está associada à velha e impotente condição natural, enquanto o "Espírito" está associado à nova, potente e libertada realidade do reino. Romanos 1.3-4, então, descreve Jesus do ponto de vista da velha condição (1.3) e da nova (1.4). Dentro deste último, ele é adotado à posição de Filho de Deus. A visão é particularmente associada a James Dunn e desenvolvida em uma série de seus artigos técnicos, notavelmente "Jesus – Flesh and Spirit: An Exposition of Romans 1.3–4" *Journal of Theological Studies* 24 (1973): 40–68. Também se reflete em seu estudo clássico *Christology in the Making: A New Testament Inquiry into the Origins of the Doctrine of the Incarnation*. 2nd ed. (London: SCM, 1989), p. 33-36. Contra isso, deve-se notar que Paulo não usa o vocabulário técnico de adoção com respeito a Jesus (*huiothesia* etc.). Seu status como Filho parece, em vez disso, ser dado. Além disso, o caso é problematizado pela evidência de que Paulo considerava o Filho como preexistente com Deus por toda a eternidade e ter assumido a forma de um servo (por exemplo, Filipenses 2.6-8) como um ato de descendência. Metodologicamente, a identificação aparentemente padrão de Paulo, de Jesus como Deus, deve conduzir a interpretação de Romanos 1.3-4, em vez daquele texto específico que conduz nossa avaliação de sua cristologia de forma mais ampla. Para o caso de que a cristologia mais antiga de Paulo é, de fato, tão elevada quanto se pode imaginar, veja Richard Bauckham, *God Crucified: Monotheism and Christology in the New Testament* (Grand Rapids: Eerdmans, 1999).

determina o significado de seu envio pelo Pai. Somos nós que somos adotados.

Por causa de seu contexto legal, "adoção" é principalmente uma categoria de status. Não indica necessariamente qualquer amor, cordialidade ou reciprocidade entre as partes, mas apenas identifica o status distinto desfrutado por aqueles que foram adotados. Enquanto antes não tinham nome nem identidade, agora levam o nome do pai e são tratados como seus herdeiros. Mas Paulo não apresenta a adoção como uma mera categoria legal. Por sermos filhos, Deus enviou o Espírito de seu Filho aos nossos corações. Esse Espírito faz com que a relação recíproca entre o Pai e o Filho seja reproduzida em nós: por ele clamamos: "Aba, Pai". Esse clamor é significativo e poderoso porque é o clamor de Cristo, embora saia realmente de nossos lábios; somos *nós* que clamamos. Não fazemos algo que meramente se assemelha ou imita a interação filial de Cristo com o Pai; o que fazemos participa dessa interação. Nosso clamor de Aba não é *como* o seu clamor; *é* o seu clamor, porque o pronunciamos pelo *seu* Espírito.

Portanto, a adoção torna-se mais do que apenas uma categoria legal de status, embora essa força seja mantida. A adoção torna-se uma categoria mais rica, descrevendo a natureza de nossa nova aliança de amizade com Deus; ela descreve nosso relacionamento em termos de participação no relacionamento filial de Jesus com o Pai. O Espírito torna essa participação uma coisa real: nós realmente somos filhos que se dirigem a Deus com toda a intimidade do Filho eterno, porque ele é o Espírito do Filho. O Espírito não é uma presença autônoma em nossa vida; ele é aquele por quem o Filho está presente.

Como um aparte, esta é outra razão pela qual o trinitarianismo social pode ser tão problemático para nossos relatos da vida cristã. Se enfatizarmos a triunidade de Deus sem priorizar adequadamente sua unidade, uma vez que essa unidade é refletida no Shemá, então podemos tratar o Espírito como se ele fosse uma pessoa por direito próprio, concebível à parte das outras pessoas da Trindade e conceitualizada de acordo com as noções modernas de pessoalidade. Isso é verdade para cada uma das pessoas da Trindade, mas com o Espírito há um problema particular relacionado à santificação: podemos pensar nele como um guia para a realização de nós mesmos por meio de sua agência particular e perder de vista o inalienável caráter cristofórmico da santificação cristã. O Espírito realiza e cumpre a identidade de Cristo em nós. É a bondade externa de Cristo a nós que se torna nossa.

Isso está por trás da rejeição de Paulo ao legalismo nos versos seguintes. O problema não é simplesmente que buscar obter a justiça cumprindo a lei é uma tarefa impossível e fadada ao fracasso. Nem é apenas uma maneira "um tanto errada" de pensar sobre a moralidade cristã. Como vimos na introdução, essas são maneiras pelas quais frequentemente pensamos sobre o legalismo, mas tais compreensões não conseguem identificar verdadeiramente o problema. O legalismo implica um retorno ao vazio da vida que não foi preenchida com a bondade do próprio Jesus, efetivamente um retorno a uma vida não batizada. Essa é a razão para a pergunta anterior de Paulo – "Tendo começado com o Espírito, vocês agora estão tentando terminar com a carne?" (Gl 3.3, tradução minha) – e sua ênfase no lugar do Espírito no propósito geral de Deus, refletido em seu uso repetido da expressão "para que" na seguinte citação:

> Cristo nos resgatou da maldição da lei, fazendo-se ele próprio maldição em nosso lugar (porque está escrito: Maldito todo aquele que for pendurado em madeiro), *para que* a bênção de Abraão chegasse aos gentios, em Jesus Cristo, *a fim de que* [ou "para que"] recebêssemos, pela fé, o Espírito prometido (grifo nosso). (Gl 3.13-14)

Esses versículos podem agora ser vistos como complementares a 5.4, onde Paulo indica que aqueles que buscam "procurais justificar-vos na lei" se afastaram de Cristo. Precisamente porque o Espírito é dele, e porque a função do Espírito envolve a realização da presença moral de Cristo em nós, o abandono do Espírito é o abandono de Cristo. Essas não são duas realidades diferentes.

Essa representação do Espírito como "o Espírito de Cristo" é fundamental também para o entendimento correto do conflito entre a carne e o espírito descrito mais tarde em Gálatas 5.15-26:

> Digo, porém: andai no Espírito e jamais satisfareis à concupiscência da carne. Porque a carne milita contra o Espírito, e o Espírito, contra a carne, porque são opostos entre si; para que não façais o que, porventura, seja do vosso querer. Mas, se sois guiados pelo Espírito, não estais sob a lei. Ora, as obras da carne são conhecidas e são: prostituição, impureza, lascívia, idolatria, feitiçarias, inimizades, porfias,

> ciúmes, iras, discórdias, dissensões, facções, invejas, bebedices, glutonarias e coisas semelhantes a estas, a respeito das quais eu vos declaro, como já, outrora, vos preveni, que não herdarão o reino de Deus os que tais coisas praticam. Mas o fruto do Espírito é: amor, alegria, paz, longanimidade, benignidade, bondade, fidelidade, mansidão, domínio próprio. Contra estas coisas não há lei. E os que são de Cristo Jesus crucificaram a carne, com as suas paixões e concupiscências. Se vivemos no Espírito, andemos também no Espírito. Não nos deixemos possuir de vanglória, provocando uns aos outros, tendo inveja uns dos outros.

Estruturado pelo que observamos até agora, o conflito ou oposição que é descrito aqui entre essas duas fontes de apetite, ou desejo, manifesta a oposição pessoal do Filho ao mal que se tornou parte da constituição humana. O Espírito, em outras palavras, não é um poder independente que por acaso está em acordo moral com o Filho, mas é o Espírito do Filho operando em nós.

Antes de prosseguirmos, devemos considerar a percepção importante de John Owen, um teólogo puritano do século 17, cuja cristologia possui uma contribuição significativa para o nosso pensamento sobre a operação do Espírito na própria vida de Jesus. Segundo Owen, a carne do mediador, do homem chamado Jesus, foi unida ao Filho e gozou, pelo Espírito, de toda a bondade da vida divina. O ponto de Owen é essencialmente que sempre que Deus age sobre as coisas criadas, ele o faz pelo Espírito. Assim, como o Filho existe em união hipostática com a carne mortal, o Espírito está sempre trabalhando nessa união.² A carne de Jesus não é abertamente deificada pelo Filho, mas pela presença do Filho na união que é realizada por meio do Espírito. Consequentemente, os milagres de Jesus são creditados ocasionalmente ao Espírito ou ao dedo de Deus, e é pelo Espírito que ele é levantado da sepultura (Mt 12.28; Lc 11.20; Rm 8.11). Como o Filho de Deus trabalha o bem na carne humana que ele mesmo assumiu, então, é uma atividade realizada pelo Espírito, e como a neurofisiologia dessa carne incorpora a vontade do Filho, ocorre um alinhamento da vontade divina e da vontade humana que é efetivada pelo Espírito.

Essa perspectiva nos permite ver como Gálatas 5 opera em relação à própria encarnação. É claro que a encarnação não é apenas uma versão prototípica da vida cristã, como diria alguém como James Dunn,³ onde Deus está presente no cristão por meio do Espírito da mesma forma que estava presente em Jesus. É por isso que enfatizei anteriormente que Jesus nunca é representado como um Filho adotado: ele é *o* Filho, e essa singularidade está impressa no pensamento de todos os escritores do Novo Testamento. Mas ainda há uma correspondência entre o que aconteceu na encarnação e o que acontece em nós quando nossos padrões corruptos de pensamento são transformados pelo Espírito, nossos

---

2 Para uma discussão sobre esse elemento no pensamento de John Owen, veja Alan Spence, *Incarnation and Inspiration: John Owen and the Coherence of Christology* (London: T&T Clark, 2007).

3 Como em *Jesus and the Spirit: A Study of the Religious and Charismatic Experience of Jesus and the First Christians as Reflected in the New Testament* (London: SCM, 1975) e "Rediscovering the Spirit." *Expository Times* 84 (1972): 7–12. Veja também a conversa teológica com James Mackey em Dunn e Mackey, *New Testament Theology in Dialogue*. Biblical Foundations in Theology (London: SPCK, 1987).

apetites são realinhados e nossas decisões são santificadas. Em ambos os casos, a carne fraca é levada à comunhão adequada com Deus por meio da obra do Espírito do Filho. É aí que reside a esperança do otimismo cristão: "Se habita em vós o Espírito daquele que ressuscitou a Jesus dentre os mortos, esse mesmo que ressuscitou a Cristo Jesus dentre os mortos vivificará também o vosso corpo mortal, por meio do seu Espírito, que em vós habita" (Rm 8.11).

Apesar de todas as falhas que possamos ter, atestadas tanto nos textos bíblicos quanto na experiência pastoral, esse otimismo fundamental é vital para o pensamento moral de Paulo. Cristo vive em você por seu Espírito, e sua bondade é capaz de renovar a corrupção de sua vontade. Isso, de fato, faz com que as palavras de Paulo em Gálatas 5.17 tenham um pouco mais de força do que às vezes é reconhecido. Uma maneira de ler o grego desse versículo, defendida por Gordon Fee e outros,[4] é que a oposição da carne e do Espírito não é apresentada como a explicação de por que lutamos para viver vidas moralmente notáveis ("É por isso que vocês não fazem o que querem", tradução minha), mas como a razão de não seguirmos nossos desejos naturais: "A carne deseja o que é contrário ao Espírito, de modo que vocês não podem simplesmente fazer o que desejam;... vocês devem permitir-se ser conduzidos" (tradução minha).

Isso nos leva ao âmago da dinâmica da identidade cristã, pois exige que nos questionemos e vejamos nosso *eu* como representando duas identidades muito diferentes: uma é o nosso

---

[4] Gordon Fee, *Paulo, o Espírito e o povo de Deus* (São Paulo: Vida Nova, 2015) capítulo 11, "A batalha de todo dia".

velho eu, fora de Cristo, escravizado aos seus próprios desejos e conduzido pela carne; o outro é o nosso novo eu, em Cristo, cheio de sua bondade e desejando o que ele deseja, guiado pelo Espírito. Todas essas imagens funcionam em conjunto para dizer que somos chamados a uma espécie de *auto*desconfiança que está no cerne da mortificação: em vez confiarmos em "quem somos" (como o espírito da época nos impõe), não devemos ter confiança na carne, mas, antes, buscar ganhar a Cristo e ser encontrado nele.

Há um perigo real de que algumas de nossas estratégias pastorais dentro do evangelicalismo não tenham essa ênfase. É possível que estejamos treinando cristãos para serem agentes morais confiantes que escolhem o bem e não o mal porque conhecem os mandamentos de Deus e sabem como aplicá-los em todas as situações, mas não ensinamos os cristãos a não confiarem em si mesmos de maneira adequada, a reconhecerem que sua carne tomará esses mandamentos e os fará servir à nossa autoexaltação contra Deus. Não ensinamos aos crentes que eles não se tornarão fariseus ou idólatras somente se enxergarem sua carne como ela é, porque suas percepções foram transformadas pelo Espírito do Filho. Isso não nos torna pessoas inseguras e nervosas que vivem com medo. Muito pelo contrário, isso nos liberta do medo, orientando-nos a definir nossas vidas dentro de uma vida que nos dará genuinamente a certeza da esperança. Envolve a verdadeira "liberdade do autoesquecimento".[5] Mas também nos força a ver que a

---

5 Peguei emprestada essa expressão de Timothy Keller, *Ego transformado: a alegria que brota do evangelho e traz a verdadeira alegria* (São Paulo: Vida Nova, 2014).

imagem fantasma de nosso antigo eu continua a ser visível em nossa carne e que, se não buscarmos deliberadamente ser guiados pelo Espírito, permitimos que ela nos controle além de sua posse legítima.

Os tempos e os tons da linguagem de Paulo são novamente instrutivos e enquadram essa dinâmica de maneiras importantes. Não se trata de estarmos lidando com uma realidade dualística em que um eu compete com o outro pela supremacia dentro de nós e o resultado é incerto. Paulo indica em Gálatas 5.24 que aqueles que pertencem a Cristo crucificaram sua carne com suas paixões e desejos; o tempo verbal é aoristo (*estaurōsan*), e há um sentido de que esse evento está completo. Nossa atividade de mortificação, de levar o pecado à morte em nossas vidas e corpos, é definida por esse evento irreversível que ocorreu fora de nós: o pecado foi vencido; somos feitos novos em Cristo. A manifestação dessa realidade, entretanto, envolve nossa aplicação dessa verdade a nossos corpos. Paulo usa o subjuntivo nos versículos que se seguem: "Se vivemos no Espírito, *andemos* também no Espírito". Isso é algo que nós devemos fazer.

O passo seguinte do argumento de Paulo é interessante, pois ele agora pergunta por que aqueles que passaram a desfrutar desse relacionamento como filhos de Deus – conhecendo-o porque ele os conheceu – estão voltando à escravidão a falsos deuses, à idolatria.

> Outrora, porém, não conhecendo a Deus, servíeis a deuses que, por natureza, não o são; mas agora que conheceis a Deus ou, antes, sendo conhecidos por Deus, como estais

> voltando, outra vez, aos rudimentos [ou princípios, "*stoicheia*"] fracos e pobres, aos quais, de novo, quereis ainda escravizar-vos? (Gl 4.8-9).

Discutimos o termo *stoicheia* no capítulo 3, observando que Paulo parece associá-lo a um tipo de idolatria constitucional em ação tanto no legalismo do grupo da Galácia quanto no sincretismo do grupo de Colossenses. Como vimos naquela discussão, o significado raiz do termo rotula membros de uma série, um uso que fundamenta sua associação com os elementos dos quais o mundo é composto. Ser controlado pela *stoicheia*, os elementos, é ser governado pelo mundo e sua dinâmica. Curiosamente, quando Paulo mais tarde direciona seus leitores a "andemos também no Espírito" (Gl 5.25), ele na verdade usa o verbo cognato: *stoicheō*. Efetivamente, sua mensagem é que nossas vidas foram ordenadas pelo esquema básico do mundo e nossa carne por seus elementos, seus *stoicheia*, mas agora eles devem ser ordenados pelo Espírito. Devemos seguir a série ou o esquema do Espírito. Isso nunca será fácil, porque nossa carne e nossos pensamentos sempre desejarão estar alinhados de acordo com os esquemas do mundo; mas viver de acordo com a textura do universo de Deus requer que resistamos aos nossos instintos naturais e procuremos ser guiados pelo Espírito. A manifestação de justiça em nossa vida pode ser passiva; pode ser o resultado de uma ação externa a nós mesmos, mas não somos inertes.

ROMANOS 6-7: "ELE QUEBRA O PODER DO PECADO CANCELADO"[6]

Em Romanos, temos um relato muito mais completo do que é viver sob a liderança do Espírito do Filho. De acordo com as leituras tradicionais do livro, a lógica que se desdobra nos capítulos iniciais da carta é aquela que expõe o vazio de buscar acumular justiça por meio de nossa própria atividade, chegando ao clímax da afirmação: "Não há justo, nem um sequer... todos se extraviaram" (Rm 3.10, 12). Essa última declaração, é claro, invoca a linguagem de Isaías 53, e é aí que reside a esperança: um ato de substituição trará tanto a justiça que não poderia ser realizada pela carne fraca quanto a transformação que não poderia ocorrer para aqueles sob a maldição do pecado. Como resultado desse ato, agora não há condenação para aqueles que estão em Cristo, mas ainda mais, agora há esperança de que suas vidas serão preenchidas com a bondade do próprio Cristo. Morremos com ele, e também viveremos com ele; essa esperança não é simplesmente para uma vida além-túmulo, mas para uma vida que é marcada pela própria identidade moral de Cristo. Essa é a lógica que nos leva a Romanos 6 e às suas profundas demandas para que recusemos a tentativa do pecado de nos governar:

> Não reine, portanto, o pecado em vosso corpo mortal, de maneira que obedeçais às suas paixões; nem ofereçais cada um os membros do seu corpo ao pecado, como

---

[6] Essa linha é retirada do hino clássico de Charles Wesley "O for a Thousand Tongues to Sing" (1739). Eu a cito aqui porque captura um elemento-chave da dinâmica do evangelho: o pecado foi cancelado e sua autoridade para condenar anulada, mas seu poder ainda deve ser quebrado em nossas vidas.

> instrumentos de iniquidade; mas oferecei-vos a Deus, como ressurretos dentre os mortos, e os vossos membros, a Deus, como instrumentos de justiça. Porque o pecado não terá domínio sobre vós; pois não estais debaixo da lei, e sim da graça (Rm 6.12-14).

Observe que o pecado é personificado na linguagem de Paulo: não é apenas algo que fazemos, mas um poder que governa e controla. É a grande realidade composta por aqueles elementos miseráveis do mundo, a *stoicheia*. Muitas vezes me pergunto se o pensamento de Paulo sobre o pecado como uma força pessoal é moldado pela linguagem que encontramos na história de Caim e Abel, onde o pecado é descrito usando uma linguagem adequada a um demônio selvagem que "jaz a porta", desejando governar (Gn 4.7). O pecado não é algo que serve ao nosso livre arbítrio; é algo que busca exercer domínio sobre ele. Mas sua autoridade foi derrubada e não podemos permitir que reine livremente em nossas vidas novamente.

Até agora, muito otimista. Mas quando passamos para Romanos 7, parece que voltamos a falar sobre alguém que não foi libertado do pecado. Lemos sobre alguém que diz o seguinte:

> Porque bem sabemos que a lei é espiritual; eu, todavia, sou carnal, vendido à escravidão do pecado. Porque nem mesmo compreendo o meu próprio modo de agir, pois não faço o que prefiro, e sim o que detesto. Ora, se faço o que não quero, consinto com a lei, que é boa. Neste caso, quem faz isto já não sou eu, mas o pecado que habita em mim.

> Porque eu sei que em mim, isto é, na minha carne, não habita bem nenhum, pois o querer o bem está em mim; não, porém, o efetuá-lo. Porque não faço o bem que prefiro, mas o mal que não quero, esse faço. Mas, se eu faço o que não quero, já não sou eu quem o faz, e sim o pecado que habita em mim (Rm 7.14-20).

Todos nós, eu suspeito, conhecemos exatamente o tipo de desamparo e vergonha que essa passagem expressa: pastoralmente, ela descreve o que frequentemente experimentamos como cristãos. Mas uma vez que soa muito em desacordo com o que foi dito em Romanos 6, muitos argumentaram que essa é, na verdade, uma memória de vida separada de Cristo, do eu pré-cristão de Paulo enquanto ele lutava contra o pecado sem ajuda. Os estudiosos frequentemente apontam para alguns dos detalhes mais sutis de tempos verbais e pronomes para justificar sua posição, e é uma visão que não é sem base no texto.[7]

No entanto, o texto também pode ser lido como dando sentido a nossas falhas cristãs, mesmo que descreva uma vida separada de Cristo. A chave está precisamente na maneira como ele considera a identidade moral. Lembre-se do que vimos até esse ponto: o eu cristão é aquele no qual "já não sou eu quem vive, mas Cristo vive em mim", e o processo de santificação é representado como despir-se do velho e autosubsistente eu, que agora morreu e se revestiu do novo

---

[7] Abra qualquer comentário sobre Romanos e os problemas surgirão rapidamente. Uma discussão excelente, embora densa, da passagem, é encontrada em Herman Ridderbos, *Paul: An Outline of His Theology* (Grand Rapids: Eerdmans, 1975), p. 126-30.

eu-em-Cristo que vive pelo Espírito do Filho. O nosso batismo está ligado a esse adiamento e reposicionamento de velhas e novas identidades, mas as próprias identidades existem entre o já e o ainda não. Quando olhamos para trás, em Romanos 7, o que notamos? Obviamente, o capítulo é dominado pelo pronome da primeira pessoa, "eu". É amplamente reconhecido que os primeiros capítulos de Romanos são caracterizados pela linguagem da terceira pessoa do plural "eles", "deles" e "eles", como em Romanos 1.21: "porquanto, tendo conhecimento de Deus, não o glorificaram como Deus, nem lhe deram graças; antes, se tornaram nulos em seus próprios raciocínios, obscurecendo-se-lhes o coração insensato". Essa avaliação negativa acerca "dele" vai até 1.18-32. Em seguida, dá lugar a uma passagem na segunda pessoa do singular dirigida a "tu, ó homem [anthrōpe]", que acontece ao longo de Romanos 2. No decorrer de Romanos 3, Paulo passa a usar plurais na primeira pessoa, "nós", para enfatizar que ele e outros judeus compartilham a situação do pecado com todos os outros: "pois todos pecaram e carecem da glória de Deus" (Rm 3.23). Quando ele passa a falar da salvação em Cristo, nos capítulos seguintes, esses plurais de primeira pessoa continuam a dominar sua linguagem.

Mas quando chegamos a Rm 7.7, esse padrão muda e Paulo passa a usar a primeira pessoa do singular, "eu".[8] A mudança é dramática e acompanha uma mudança no sentido de falar da impotência do autor para lidar com o pecado e a complexidade de sua relação com a lei. Tudo isso envia um forte

---

8 Para uma excelente discussão dessas mudanças, veja Beverly R. Gaventa, "The Shape of the 'I': The Psalter, the Gospel, and the Speaker in Romans 7.", pp. 77–92 em *Apocalyptic Paul: Cosmos and Anthropos in Roman 5–8*. Beverly R. Gaventa, ed. (Waco: Baylor University Press, 2013).

conjunto de dicas ao leitor de que o que estamos lendo aqui não é a alegre condição de libertação que "nós" desfrutamos em Cristo, mas a condição miserável em que "eu" habito separado de Cristo. Aqueles que consideram a passagem como falando do eu pré-cristão estão, acredito, corretos: este é o velho homem falando, o velho homem falhando em conter o pecado e em alcançar a justiça. É o que Ridderbos rotula de "eu-mim", cujo histórico em lidar com o pecado é tão lamentável.

Mas isso não significa que as palavras não descrevam a experiência cristã, pois o processo de santificação é aquele em que a maneira de pensar e agir do velho eu sempre busca se restabelecer e sempre precisa ser negada ou "despida" (cf. Ef 4.22; Cl 3.9), algo que nem sempre fazemos com sucesso. E essa persistência da maneira de pensar do velho eu pode ocorrer dentro daqueles que genuinamente amam a Deus; não é simplesmente uma característica daqueles que se desviaram de uma forma dramática. Beverly Gaventa destaca que a linguagem de Romanos 7, particularmente a respeito do deleite do autor na lei e sua bondade (7.22), evoca a linguagem do saltério, especialmente salmos como 119, que expressa profundo amor pelos mandamentos de Deus. Evocando a voz do salmista que diz: "Quanto amo a tua lei" (Sl 119.97), e então identificando aquele que fala assim como incapaz de realmente obedecer a essa lei, Paulo comunica algo sobre os conflitos e falhas que nos marcam diariamente. Mesmo aqueles que verdadeiramente amam a Deus e sua palavra serão incapazes de resistir ao pecado, a menos que sejam libertos.

Mas a resposta não é a mais nova e mais rígida disciplina moral com a qual frequentemente nos comprometemos, dizendo: "Dessa vez, serei mais rigoroso com a oração e a leitura e não cairei tão facilmente na próxima vez que a tentação surgir". Isso é precisamente o que frequentemente fazemos em resposta às nossas falhas, e é frequentemente o que formalizamos em nossos programas de discipulado. Tal abordagem joga com a vulnerabilidade particular que emerge ao nos voltarmos para o nosso interior no pecado: tendo nos curvado sobre nós mesmos no pecado, buscamos a solução para nossa situação curvando-nos novamente em nossa interioridade, como algo encontrado em nós mesmos, como se fosse algo que pudesse ser resolvido tão somente se disciplinarmos a nós mesmos com mais cuidado. Desse modo, não dizemos "já não sou eu quem vive, mas Cristo vive em mim", mas "eu vivo (embora mal) e devo fazer isso (para ser melhor)". Essa forma nunca funcionou e nunca funcionará. O que fizermos será abominável e, para aqueles que passaram a amar a Jesus, a abominação será vista pelo que realmente é. Gritaremos: "Desventurado homem que sou! Quem me livrará do corpo desta morte?" (Rm 7.24).

O processo de mortificar o velho eu continua a recair sobre nós como uma responsabilidade cristã, e não é fácil; é algo que precisa ser considerado com seriedade. Quando Paulo indica que o caminho para a vida é "mortificardes os feitos do corpo" pelo Espírito (Rm 8.13), ele apresenta a vida cristã como algo que realmente envolve um grande esforço. Esse esforço inclui a disciplina de matar o pecado antes que ele comece a entrar em ação: "nada disponhais para a carne no tocante às suas concupiscências" (a segunda parte de Romanos 13.14). Mas a representação de Paulo, dessa difícil tarefa de mortificação e autodisciplina, centra-se na imagem pessoal que vimos em operação em seu relato do batismo: devemos deliberadamente "revesti-vos do Senhor Jesus Cristo" (a primeira parte de Romanos 13.14). Quando Paulo fala de nós nos revestindo de nosso novo eu em Efésios 4.24, é literalmente "o novo homem" (*anthrōpos*) que devemos vestir, uma expressão que se baseia em seu uso anterior da linguagem de "novo homem" em 2.15. É uma expressão que aponta não para uma versão atualizada ou remodelada de mim mesmo, mas para Jesus e minha participação *nele*. Portanto, quando aquele que pecou clama: "Desventurado homem que sou! Quem me livrará do corpo desta morte?" (Rm 7.24), a única resposta que realmente trará esperança é aquela que Paulo articula com uma proclamação de gratidão: "Graças a Deus por Jesus Cristo, nosso Senhor" (Rm 7.25). É uma resposta moldada pelo reconhecimento de que precisamos um libertador para nos resgatar, não apenas da culpa, mas do próprio poder do pecado. A ação de graças aqui não é apenas pelo perdão, mas pela libertação; é crucial que permitamos que essa passagem informe a maneira como pensamos sobre a disciplina cristã – mortificação – para que sejamos totalmente centrados em Cristo.

Um ponto importante que, apesar de ser óbvio, é frequentemente negligenciado, é que a expressão de agradecimento não faz referência ao Espírito Santo. Poderíamos esperar que isso acontecesse, dada a maneira como muitas vezes pensamos sobre a vida cristã. Nossa teologia particular talvez considere a libertação do corpo da morte como acontecendo por meio do Espírito, como se ele fosse a solução para a nossa escravidão, aquele que nos resgatará deste corpo da morte. Mas, nesse ponto, apenas Deus e Jesus são mencionados. Como veremos em nosso próximo capítulo, o ministério do Espírito é descrito com alguma profundidade em Romanos 8.

Portanto, não é que Paulo minimiza ou marginaliza seu significado. Mas o Espírito não é, em si mesmo, aquele que nos livra do corpo da morte: Jesus é. O Espírito *realiza* a libertação que é conquistada por e em Jesus. Isso é importante para a concepção adequada dessa libertação; é sempre uma questão de participação em Cristo, e a descrição do ministério do Espírito em Romanos 8 refletirá isso.

A complexidade da experiência cristã como algo vivido "entre tempos" é ainda atestada pelo restante de 7.25: "Graças a Deus por Jesus Cristo, nosso Senhor. De maneira que eu, de mim mesmo, com a mente, sou escravo da lei de Deus, mas, segundo a carne, da lei do pecado". Novamente, essas palavras ressoarão em cada um de nós; a necessidade de abandonar nosso antigo eu continua a recair sobre nós, pois seus hábitos estão profundamente enraizados. Somente experimentando continuamente a presença radicalmente livre de nosso libertador podemos ver esses padrões alterados e, ao longo do caminho, experimentaremos muitos fracassos pessoais. O significado pastoral das palavras com que Romanos 8 começa é impressionante: "Agora, pois, já nenhuma condenação há para os que estão em Cristo Jesus". Todos os temas que têm sido levantados até este ponto ressurgem ao longo dos próximos versos: o que a lei, por causa da fraqueza da carne, era impotente para realizar (isto é, para realmente nos libertar do pecado), Deus o fez enviando seu Filho em nossa semelhança para que o justo requerimento (*dikaiōma*) da lei fosse cumprido em nós que andamos pelo Espírito (8.2-4).

No próximo capítulo, veremos para onde Romanos 8 vai a partir daqui. Consideraremos a experiência real da obra do Espírito e a realidade da transformação que a acompanha, à medida que o cristão clama: "Aba! Pai!". Esse clamor não é feito no contexto de uma liberdade perfeita, mas nas ruínas de uma guerra que ainda está acontecendo dentro de nós e ao nosso redor. A chave, como veremos, é a oração. Por enquanto, podemos apreciar a vigorosa honestidade de Paulo em sua representação do evangelho. Tendo conduzido seus leitores de uma avaliação sombria da condição moral humana – "Não há justo, nem um sequer" (Rm 3.10) – para a paz com Deus que veio por meio do evangelho (5.1) e para a esperança de que o reinado do pecado chegue ao fim, Paulo volta a falar da realidade do pecado como uma força penetrante e manipuladora. O pecado continua a pairar em nossas mentes após o término de seu mandato. Ele sempre buscará nos voltar a nós mesmos. Mesmo em nossos esforços para resistir ao pecado, podemos acabar servindo a ele, porque esses esforços são frequentemente definidos pelo que "eu" farei para me disciplinar. A única coisa que quebrará esse ciclo de egocentrismo é fazer a pergunta certa: não "O que eu posso fazer?" mas "Quem pode me livrar?". O mesmo Jesus por quem a dívida do pecado é cancelada é aquele por quem seu poder é quebrado.

CONCLUSÃO

Este capítulo concentrou-se na manifestação da identidade moral cristã em nossas vidas no aqui e agora. Esse detalhe temporal é importante, porque *aqui e agora* não vivemos em um mundo do qual o pecado foi definitivamente eliminado. Nossa identidade em Cristo é sempre violentada e continua a estar em desacordo com o que os corpos que ocupamos sempre fizeram, habitual e naturalmente. Um dia nossos corpos serão transformados e não mais habitaremos uma carne tão fraca. Mas até lá, devemos nos despir intencionalmente dos hábitos e reações instintivas de nosso antigo eu, que agora estão ligados à nossa neurologia,[9] e nos revestir da bondade deliberativa do novo homem. A qualidade de gênero desse novo eu é inevitável porque é, muito especificamente, a identidade do homem Jesus, o Filho de Deus. Nosso revestir-se de *sua* identidade, nossa união com ele, *seu* eu, envolve adoção: tornamo-nos "filhos", sendo ou não homens por natureza, porque nossa relação com o Pai é uma participação em *seu* relacionamento com Ele. Maravilhosamente, isso significa que nosso relacionamento com Deus é absolutamente seguro e além de qualquer dúvida.

Nossa nova vida moral, então, não é uma questão de nos tornarmos melhores versões de nós mesmos, qualquer que seja o gênero que possamos ter, mas de participar nele. É uma identidade de filho, e é isso que o Espírito trabalha para realizar dentro de nós. Voltaremos a essa dimensão de gênero em nosso capítulo final porque ela tem algumas implicações em como pensamos sobre a continuação de nossas

---

9 A pesquisa sobre vícios há muito reconheceu que nossos hábitos estão ligados aos padrões de conexões em nosso cérebro e, particularmente, no que é conhecido como "o centro de recompensa". Uma vez que fazemos algo e gostamos, torna-se mais natural e instintivo fazê-lo novamente porque o padrão começa a ser estabelecido. O reconhecimento do papel que o centro de recompensa desempenha tem sido uma parte importante da mudança de ver o vício apenas em termos químicos ou fisiológicos (ou seja, em relação ao vício a substâncias) para vê-lo como um problema neurofisiológico complexo que pode envolver comportamentos tanto quanto substâncias. Esses estudos também revelaram que um dos principais problemas do vício é a tendência de ver a identidade e a "conexão" como fixas, embora na verdade continuem a ser altamente plásticas. Padrões neurais de vício podem ser reconectados por nosso comportamento, assim como novos padrões de vício podem ser gerados por nosso comportamento. É interessante que um elemento-chave na reconfiguração positiva do cérebro do viciado geralmente envolve a quebra do senso de identidade e a autovalorização do viciado.

próprias particularidades pessoais em união com Cristo. Os "filhos" de Deus não se limitam ao gênero masculino, e esse será um ponto interessante a se considerar. Ao mesmo tempo, não podemos e não devemos perder a especificidade de gênero da palavra "filhos", porque está ligada à singularidade pessoal daquele em quem somos salvos, o Filho.

Paulo é extremamente honesto sobre a manifestação de nossa nova identidade em Cristo. Ela virá com luta porque vivemos em um mundo pecaminoso, em corpos que ainda se recordam de suas velhas identidades e de seus velhos hábitos. O pecado pode ter sido destronado, mas ainda fingirá nos possuir. Como vimos em Romanos 7, nosso retorno ao pecado e nossa experiência de sentir que ainda somos seus escravos são, na verdade, manifestações de nosso antigo eu, que estava separado de Cristo. Mesmo nossas reações de culpa e vergonha aos nossos pecados podem ser sem Cristo e egocêntricas se buscarmos lidar com o problema do nosso pecado sem fazer a pergunta-chave: "Quem me livrará do corpo desta morte?".

Quando respondemos a essa pergunta corretamente, nomeando Jesus Cristo, há esperança e alegria. Fazemos eco da declaração de Paulo "Graças a Deus por Jesus Cristo, nosso Senhor" (Rm 7.25). Encontramos alívio e descanso no conhecimento de que "Agora, pois, já nenhuma condenação há para os que estão em Cristo Jesus" (8.1). Ainda estamos nas ruínas da guerra, e quando nos dirigimos a Deus, nosso Pai, muitas vezes não é com um grito triunfante, mas com um grito de dor de "Aba, Pai". Mas a guerra está vencida e os sinais dessa vitória se manifestarão em nós com uma beleza e realidade que não podem ser questionadas por nossos fracassos. No próximo capítulo, consideraremos isso em relação a Romanos 8.

CAPÍTULO 6

Uma pequena vitória

a esperança e a vida moral

Várias vezes, ao longo desse livro, pensamos sobre a maneira como a identidade moral cristã olha tanto para o passado de Jesus quanto para o seu futuro. Ao vincular o passado e o futuro de Jesus à identidade moral cristã e compreender essa identidade como constituída pela presença ativa de Cristo em nossas vidas agora, passamos a enxergar essa realidade em termos muito diferentes daqueles em que são normalmente expressos. Não olhamos apenas para um acontecimento passado do qual nos beneficiamos, uma transação feita em nosso nome, e não olhamos apenas para um futuro em que seremos definitivamente melhores. Olhamos para trás, para um passado que é nosso agora e, como acontece com todas as histórias de fundo, ele define quem somos. Ao mesmo tempo, esperamos um futuro que trará à sua realização perfeita o que realmente somos, como somos em Cristo. Em certo sentido, a perfeição que desfrutaremos é dificilmente imaginável, pois veremos claramente o que agora vemos apenas por um espelho. Em outro sentido, sabemos como será porque conhecemos Jesus, e nossa antecipação é moldada por nossa retrospecção. É vital, então, que mantenhamos o retrospectivo e o prospectivo juntos – ambos focados no mediador, Jesus – e permitamos que eles moldem a vida moral cristã como algo que *realmente* envolve uma experiência da bondade de Deus manifestada em nós, enquanto afirmamos que esta é, ainda, uma experiência imperfeita.

Aqueles que estão familiarizados com certas vertentes da teologia moderna, particularmente alguns dos desenvolvimentos da teologia barthiana, que tiveram um efeito profundo nos estudos paulinos, compreenderão por que essa afirmação de uma experiência real e transformadora da bondade de Deus é significativa.[1] Uma ênfase mal colocada na perfeição da graça divina e um deslocamento da cristologia de seus contextos clássicos, tanto na teologia propriamente dita quanto na economia da salvação, levaram alguns a dar pouca importância à experiência significativa de crescimento na vida cristã. Os relatos mais tradicionais de santificação são frequentemente vistos como sem a devida ênfase na graça porque eles mantêm um lugar para algum tipo de trabalho realizado pelo crente.

Essa abordagem, porém, é muito negligente quanto ao lugar do Espírito nos escritos de Paulo: o Espírito realiza a vitória de Cristo em nós. Cada ato de fé, cada ato de obediência, por menor que seja, é uma participação nessa realidade; uma pequena vitória é, na verdade, uma manifestação da presença

---

[1] Veja a discussão sobre Douglas Campbell e outros no capítulo 1, "O contexto acadêmico para o presente estudo".

da bondade divina em nossas vidas, que é afirmada e levada adiante por nossa esperança.

Este capítulo considerará esses temas, particularmente à medida que emergem a partir de Romanos 8. Pensaremos um pouco mais acerca de um conceito sobre o qual, até aqui, pouco falamos: conformar-se à semelhança de Cristo. Vamos pensar também sobre a forma como a oração é representada como a dinâmica central dessa participação. E dentro da prática da oração, vamos pensar sobre a proeminência dos temas de gratidão e súplica paciente. Mas tudo será considerado em relação ao que parece tão evidente em Romanos 8: nossa experiência de bondade é sempre contextualizada pela maldade, e nossa esperança está na convicção segura de que, no final, a bondade vencerá a maldade.

> Vós, porém, não estais na carne, mas no Espírito, se, de fato, o Espírito de Deus habita em vós. E, se alguém não tem o Espírito de Cristo, esse tal não é dele. Se, porém, Cristo está em vós, o corpo, na verdade, está morto por causa do pecado, mas o espírito é vida, por causa da justiça. Se habita em vós o Espírito daquele que ressuscitou a Jesus dentre os mortos, esse mesmo que ressuscitou a Cristo Jesus dentre os mortos vivificará também o vosso corpo mortal, por meio do seu Espírito, que em vós habita (Rm 8.9-11).

A linguagem que Paulo usa nesses versículos, e as correspondências que ele estabelece, não devem nos surpreender, pois refletem os padrões que traçamos ao longo deste livro.

Sua afirmação de que seus leitores não estão na carne, mas no Espírito, responde diretamente à sua afirmação de que Cristo vive neles. Juntos, esses dois lados da realidade de suas vidas significam que eles não estão mais na condição de hostilidade essencial para com Deus que Paulo associa com a mente da carne (8.7-8). Existe uma realidade que não se foi; eles ainda têm corpos mortos, mas também possuem o Espírito vivo dentro deles: "Se, porém, Cristo está em vós, o corpo, na verdade, está morto por causa do pecado, mas o espírito é vida, por causa da justiça" (Rm 8.10). Essa combinação dá o tom para o que se segue: o Espírito dará vida aos corpos mortos, uma imagem que ecoa o vale de ossos secos de Ezequiel. Pela capacitação do Espírito, ironicamente, os cristãos mortificarão as obras de seus corpos mortais, tornando-os verdadeiramente mortos. Pelo Espírito, eles se recusarão a permitir que sua fraqueza natural os governe.

No capítulo 8 versículo 15, Paulo reproduz a linguagem que já o vimos usar em Gálatas 4.6: "Nós recebemos o Espírito de adoção, por quem clamamos, Aba, Pai!" (tradução minha). Surpreendentemente, o Espírito é definido aqui por seu papel em relação à adoção, que, como nós temos visto repetidamente, é o assunto central de nossa união com o Filho. O clamor aqui realmente parece que surge da angústia de nossas lutas. Em meio a todas as ansiedades e preocupações que surgem do viver em um mundo ainda cheio de pecado, bem como as crises de segurança que resultam do tipo de fracasso descrita em Romanos 7, o Espírito testifica com o nosso espírito que somos filhos (Rm 8.16). A palavra usada em grego, *symmartyreō*, é uma dentre várias palavras com prefixo *syn* em Romanos 8, a maioria das quais está conectada ao nosso relacionamento com Cristo. O prefixo *syn* significa "junto com" e é anexado aos verbos de uma forma que podemos capturar com hifens em nossas traduções para o inglês. O ponto aqui é que, por si mesmos e à parte do evangelho, nossos espíritos não teriam tal segurança. Os espíritos daqueles a quem Paulo escreve irão naturalmente se encolher com a escala do mal que os cerca e os preenche, mas seus espíritos são coidentificados com o Espírito de Cristo, e eles compartilham do seu testemunho de sua filiação. Eles clamam: "Aba, Pai", e nenhuma acusação pode tirar a legitimidade desse discurso.

Curiosamente, Paulo então os descreve como "filhos" (*tekna*), um termo que nos leva além da linguagem de "filhos" (*huioi*) usada até este ponto, o que pode ser interpretado como uma indicação bastante fria de um conceito legal de adoção (*huiothesia*). Agora, no entanto, eles são filhos entrando na presença de um pai. A mudança na linguagem sugere algo mais familiar, mais íntimo e mais ousado: por toda a vergonha que os crentes possam sentir por causa de seu último pior pecado, eles correm para os braços de seu pai.[2]

Mas eles se achegam como quem sofre, e é disso que Paulo fala com sua linguagem de esperança:

---

[2] James Barr, "'Abbā' Isn't 'Daddy.'" *Journal of Theological Studies* 39 (1988): 28–47, argumenta contra a noção de que "Aba" é simplesmente equivalente ao inglês "daddy" [papai], popularizado por Joachim Jeremias. Barr insiste que a palavra aramaica mantém um sentido de respeito pelo pai que não é característico do termo em inglês e seria utilizado na idade adulta como uma maneira de se referir aos pais de uma forma que "daddy" geralmente não é. Dito isso, a palavra tem um importante calor familiar. Tim Keller, *Oração: experimentando intimidade com Deus* (São Paulo: Vida Nova, 2016), capta isso muito bem: "quando um adulto continua a chamar os pais de mamãe ou papai, mistura respeito à velha intimidade, deleite e acesso de que desfrutava quando criança pequena" [nota de rodapé 11 do capítulo 5].

> Porque para mim tenho por certo que os sofrimentos do tempo presente não podem ser comparados com a glória a ser revelada em nós. A ardente expectativa da criação aguarda a revelação dos filhos de Deus. Pois a criação está sujeita à vaidade, não voluntariamente, mas por causa daquele que a sujeitou, na esperança de que a própria criação será redimida do cativeiro da corrupção, para a liberdade da glória dos filhos de Deus. Porque sabemos que toda a criação, a um só tempo, geme e suporta angústias até agora. E não somente ela, mas também nós, que temos as primícias do Espírito, igualmente gememos em nosso íntimo, aguardando a adoção de filhos, a redenção do nosso corpo. Porque, na esperança, fomos salvos. Ora, esperança que se vê não é esperança; pois o que alguém vê, como o espera? Mas, se esperamos o que não vemos, com paciência o aguardamos (Rm 8.18-25).

Observe que toda a criação anseia pela adoção, *huiothesia*. É disso que se trata: a participação eleita na filiação de Cristo pela atividade de seu Espírito. A participação em sua filiação é *o* assunto central da história bíblica, mas aqui essa adoção não é uma posse totalmente realizada: ela ainda aguarda a redenção do nosso corpo. Essa é a esperança pela qual "esperamos... com paciência" e perseverança (8.25). Nossos corpos ainda não experimentaram o cumprimento de sua redenção.

Paulo passa dessa descrição de esperança realista, desse reconhecimento de que o estado atual não é tudo que existe, para uma nova descrição do Espírito nos ajudando "em nossa fraqueza" (Rm 8.26). A linguagem aqui é a linguagem da intercessão e oração. A intercessão do Espírito é representada como algo que toma o ato comunicativo de oração que é comprometido por nosso estado de fraqueza carnal ("não sabemos orar como convém", 8.26) e o torna real e substantivo diante de Deus. O que é orado permanece, para nós, algo além da articulação – gemidos que as palavras não podem expressar –, mas a oração é significativa para Deus porque ele conhece a mente do Espírito. Mas essas orações derivam seu significado do fato de que são uma participação na filiação do Filho. Nosso clamor é, especificamente, "Aba, Pai", e é este o endereço que sempre direciona nossas orações.

A intercessão do Espírito também é representada como sendo "segundo a vontade de Deus" (Rm 8.27). Oramos sem compreender inteiramente o que estamos pedindo, e essas orações são levadas a Deus pelo Espírito que nos habita, precisamente em alinhamento com a vontade de Deus. Nossas orações, então, tornam-se uma manifestação da vontade de Deus, uma participação em sua atividade providencial, mesmo quando nós mesmos não compreendemos o que essas orações realmente significam. Isso, eu acho, é parte do significado das imagens dentro do fluxo do texto. Nossa referência à intercessão do Espírito segundo a vontade de Deus conduz – por meio da afirmação de que aquele que sonda os corações sabe qual é a mente do Espírito – até o famoso (e notoriamente complicado) versículo que afirma que todas as coisas cooperam para o bem daqueles que amam a Deus, aqueles chamados de acordo com seu propósito (Rm 8.28). Seja como for que entendamos esse versículo, ele parece revelar algo do mistério providencial de que Deus opera para fazer florescer suas criaturas e que suas orações são uma participação nessa vontade atuante. O ponto, novamente, é que não somos vítimas inertes da providência, mas somos participantes em oração por causa da realidade do Espírito. Deus graciosa e amorosamente nos envolve em seu trabalho, assim como os pais costumam fazer com os filhos.

Mas, mais uma vez, isso toma um rumo cristomórfico no pensamento de Paulo. O propósito de Deus é que sejamos conformados "à imagem [*eikōn*] de seu Filho" (Rm 8.29). No contexto de Romanos 8 – com todo seu tema de luta e inimizade, de nudez, perigo e espada – ser conformado à imagem de um salvador, que sabemos ter sido crucificado, dificilmente é uma imagem triunfalista. Não é uma mensagem de conforto absoluto de que tudo ficará bem. Em vez disso, os sofrimentos do tempo presente são cruamente encarados e interpretados cristologicamente. Em outro lugar, Paulo fará uma afirmação semelhante ainda mais explicitamente:

> Bendito seja o Deus e Pai de nosso Senhor Jesus Cristo, o Pai de misericórdias e Deus de toda consolação! É ele que nos conforta em toda a nossa tribulação, para podermos consolar os que estiverem em qualquer angústia, com a consolação com que nós mesmos somos contemplados por Deus. Porque, assim como os sofrimentos de Cristo se manifestam em grande medida a nosso favor, assim também a nossa consolação transborda por meio de Cristo. Mas, se somos atribulados, é para o vosso conforto e salvação; se somos confortados, é também para o vosso conforto, o qual se torna eficaz, suportando vós com paciência os mesmos sofrimentos que nós também padecemos. A nossa esperança a respeito de vós está firme, sabendo que, como sois participantes dos sofrimentos, assim o sereis da consolação (2Co 1.3-7).

A essa altura, em nosso estudo, devemos estar sensibilizados para o significado participativo desses versículos. Eles não estão simplesmente dizendo que sofremos de uma maneira semelhante a Cristo ou que nossos sofrimentos têm um resultado semelhante. Eles estão dizendo que nossa experiência de sofrimento é uma participação na experiência de sofrimento dele; são, muito precisamente, os sofrimentos de Cristo, vividos em união com ele. Os sofrimentos não são "pelo evangelho" – no sentido de que são coisas que nos sobrevêm como consequência do evangelho – mas são, de fato, parte do evangelho. Eles ganham significado precisamente porque são os sofrimentos do corpo de Cristo, porque ele participa deles, assim como eles participam dele.

Se isso soa como um mero jogo de linguagem, permita-me extrair um pouco de seu significado. Frequentemente pensamos na "cruciformidade"[3] na vida cristã como uma questão de viver conscientemente em autossacrifício, talvez até mesmo como uma espécie de heroísmo moral. Mas se temos um relato teologicamente correto da cruz, então entendemos a cruciformidade como o clímax dos sofrimentos daquele que levou sobre si toda a maldição e fragilidade humanas, aquele a quem Paulo descreve como tendo a semelhança da carne pecaminosa. A morte não é apenas punição pelo pecado, embora certamente inclua isso, mas é mais completamente a união da miséria absoluta da condição humana à glória do Filho. E essa miséria está sendo redimida mesmo

---

3 Essa linguagem da cruciformidade é proeminente na obra de Michael Gorman, que desenvolveu um dos relatos mais completos da soteriologia e da ética paulina. Veja seu *Cruciformity: Paul's Narrative Spirituality of the Cross* (Grand Rapids: Eerdmans, 2001).

no momento de sua maior sensação de abandono. "Deus meu, Deus meu, por que me desamparaste?" (Mc 15.34) é mais do que apenas o clamor daquele que carregou nossos pecados; é também o grito daquele que uniu a si mesmo a absoluta perdição da raça de Adão. Compartilhar isso significa experimentar a cruciformidade não como um autossacrifício alegre, mas muitas vezes como um sofrimento espantoso. Às vezes nos assemelhamos mais a Cristo quando clamamos: "Por que me desamparaste?". A cruciformidade muitas vezes parece e é sentida como uma derrota.

Nesses momentos, nossa simples capacidade de continuar a clamar "Aba, Pai", o testemunho do Espírito de que somos filhos de Deus pela fé, o gemido que proferimos sem compreender seu real significado – são vitórias importantes, e derivam *seu* significado vitorioso da forma da pequena vitória que lhes confere sentido: o camponês galileu moribundo clamando em aramaico a um Pai de cuja presença, neste ponto específico, ele não tem certeza. Muitas vezes me lembro das palavras do falecido compositor Mark Heard: às vezes "nossas esperanças caem sobre nossos pés como a poeira de folhas mortas, e acabamos parecendo com o que acreditamos".[4]

Há um ponto de profundo significado pastoral aqui: quando buscamos dar conforto àqueles que estão desprovidos de segurança em um tempo de sofrimento real, talvez uma experiência de real malícia e maldade, nossa tarefa é atrair seus olhos para o caráter daquele que sofreu na cruz, que dá sentido aos nossos sofrimentos.

---

4 "The Orphans of God", faixa 4 de Mark Heard, Satellite Sky, Ideola Music/ASCAP, 1992; Fingerprint Records, 1992.

Isso molda as práticas de esperança e gratidão que Paulo aqui e em outros lugares indica que devem caracterizar nossas orações. Elas não são necessariamente manifestações de nossa percepção de que tudo está bem, mas realidades que devem ser afirmadas mesmo quando nossos corações e nossos sentidos não podem encontrar nenhuma garantia para elas. Leia novamente estas palavras com isso em mente, observando a linguagem do gemido e da invisibilidade de nossa esperança:

> E não somente ela, mas também nós, que temos as primícias do Espírito, igualmente gememos em nosso íntimo, aguardando a adoção de filhos, a redenção do nosso corpo. Porque, na esperança, fomos salvos. Ora, esperança que se vê não é esperança; pois o que alguém vê, como o espera? Mas, se esperamos o que não vemos, com paciência o aguardamos (Rm 8.23-25).

"Esperar", aqui, é um ato de afirmação em face da invisibilidade de nossa esperança. É um ato deliberado de autocontenção, acalmando os impulsos que nos pressionam a agir da nossa maneira em vez de agirmos de acordo com a vontade de Deus, obedecendo à sua vontade e confiando na linha do tempo do seu propósito. Em 8.25, o verbo "esperamos" é qualificado pela expressão "com paciência". Na verdade, a palavra traduzida como "paciência" aqui (*hypomonē*) que também pode ser traduzida como "perseverança". Essa não é a doce paciência de um pescador, mas a perseverança resiliente de um grupo de resistência, cujos membros se recusam a se submeter aos opressores porque confiam na certeza da libertação. Eles afirmam sua esperança e se recusam a se desesperar.

E o mais importante, é claro, essas afirmações são feitas como uma resposta à ressurreição. Elas possuem sua garantia não de qualquer percepção acerca de nós mesmos, mas de um reconhecimento da vitória que é revelada na ressurreição como as primícias do triunfo de Deus e do derramamento do Espírito como um efeito dessa vitória. Esse é o ponto da linguagem de Paulo em Romanos 8.11: "Se habita em vós o Espírito daquele que ressuscitou a Jesus dentre os mortos, esse mesmo que ressuscitou a Cristo Jesus dentre os mortos vivificará também o vosso corpo mortal, por meio do seu Espírito, que em vós habita". Nossa esperança se baseia na realidade desse ato passado, não na realidade volátil de nosso humor. Ela reconhece que as possibilidades para minha vida não são definidas por minha carne, com sua grande fragilidade e mortalidade evidente; elas são definidas por Jesus Cristo e pelo Espírito que o ressuscitou dentre os mortos. Como estou nele e ele está em mim, há esperança de que meu estado atual não seja um estado final, mas também há uma afirmação de que esse estado é uma união real, embora imperfeita. E é sobre essa união que Paulo fala nos versos finais de Romanos 8:

> Que diremos, pois, à vista destas coisas? Se Deus é por nós, quem será contra nós? Aquele que não poupou o seu próprio Filho, antes, por todos nós o entregou, porventura, não nos dará graciosamente com ele todas as coisas? Quem intentará acusação contra os eleitos de Deus? É Deus quem os justifica. Quem os condenará? É Cristo

> Jesus quem morreu ou, antes, quem ressuscitou, o qual está à direita de Deus e também intercede por nós. *Quem nos separará do amor de Cristo?* Será tribulação, ou angústia, ou perseguição, ou fome, ou nudez, ou perigo, ou espada? Como está escrito: *Por amor de ti,* somos entregues à morte o dia todo, fomos considerados como ovelhas para o matadouro (Rm 8.31-36, grifo nosso).

A linguagem, no versículo 35, de não ser separado é a linguagem de um vínculo que não pode ser quebrado. Tudo o que fazemos, fazemos em uma união com Cristo que não pode ser desfeita por mera tribulação ou morte; sua vitória sobre o último inimigo já foi demonstrada na ressurreição. Se nem aquela pior das mortes foi capaz de detê-lo, nada mais o será. A confiança dos crentes que enfrentam a morte e o massacre é precisamente que o fazem "Por amor de ti" (8.36), como uma participação nos sofrimentos de Jesus, e que esse mesmo envolvimento os unirá à ressurreição.

CONCLUSÃO

A participação na identidade de filho de Jesus não é algo fácil. Ter uma identidade não apenas padronizada, mas na verdade *constituída* por um salvador que se entregou por nós – conforme proclamamos na Eucaristia – é participar de um evangelho que está o mais longe possível de ser uma mensagem de saúde terrena e prosperidade. Em nossa união com ele, compartilhamos de seus sofrimentos, e assim como seus sofrimentos obstruíram toda a consciência sensorial e afetiva do cuidado de Deus – fazendo-o clamar: "Deus meu, Deus meu, por que me desamparaste?" – também nossas lutas e sofrimentos nos deixam muitas vezes confusos e desolados. Mas temos o Espírito do Filho em nós, e quando nosso próprio espírito não tem nada para dar e nenhuma esperança em si mesmo, seu Espírito nos eleva e nos ajuda a confiar e testificar que somos filhos de Deus. Quando nosso próprio espírito fica horrorizado demais para encontrar as palavras de fé, seu Espírito intercede com gemidos que palavras não podem expressar. O que nos aterroriza pode estar no mundo ao nosso redor, mas também pode estar dentro de nós, na maldade persistente do velho eu que vimos descrito em Romanos 7. Se fôssemos autossuficientes, não poderíamos orar, pois nosso senso de quem somos nos impediria de ousar falar na presença de Deus. Mas não somos autossuficientes. Estamos contidos no ser de Cristo e habitados pelo seu Espírito, e podemos testemunhar com toda a verdade que somos filhos de Deus. Em meio à nossa falha moral e em meio ao nosso sofrimento, manifestamos genuinamente a realidade de nossa adoção. Cada pequena vitória significa algo porque é uma participação real na obra providencial de Deus em Cristo. Ela não é desfeita por nossos fracassos e não será superada por nosso antigo eu.

Nossa experiência de adoção como uma reciprocidade significativa e consciente da obra de Deus em nosso favor envolve oração. Na oração, nossa comunhão com o Deus trino é realizada, com cada pessoa da Trindade envolvendo-se conosco de maneiras distintas. A oração é a prática na qual os elementos de nossa nova identidade em Cristo são afirmados contra nosso antigo eu. É o lugar onde nossa recepção passiva da justiça de Cristo se expressa com verbos ativos.[5]

A oração, de fato, é a prática que reúne todos os fios do que consideramos neste livro. Na oração, nossa aliança de amizade com Deus é expressa quando vamos à sua presença para falar com ele. Na oração, reconhecemos os atos que praticamos e confessamos que nossa esperança está em outra pessoa. Na oração, orientamo-nos para aquele cuja identidade esperamos habitar. Mais importante, na oração a dupla subjetividade de nossa nova identidade é corporificada: nós somos aqueles que oram, os sujeitos ativos dos verbos da oração, mas nossas orações são cotestemunhos com o Espírito ou intercessões dele.

Porém, o mais importante é que nossas orações nunca são formas de posse. Não se trata de que o Espírito nos ocupe como um demônio, apagando as luzes e assumindo o controle das cordas. O Espírito testifica com nosso espírito e intercede com nossos gemidos. Isso, de fato, é paralelo à maneira como Paulo representa nosso relacionamento com Jesus em Romanos 8, usando uma série de verbos que são combinados com o prefixo *syn*: nossas realidades e as de Cristo não são separadas uma da outra, mas estão ligadas. Nossos sofrimentos são uma participação em seu passado; nossa esperança é uma participação em seu futuro.

---

5 J. Todd Billings, *Calvin, Participation, and the Gift: The Activity of Believers in Union with Christ*. Changing Paradigms in Historical and Systematic Theology (Oxford: Oxford University Press, 2008) faz essa afirmação em relação à teologia da oração de Calvino, defendendo o reformador contra acusações de que sua compreensão da salvação não deixava espaço para reciprocidade significativa. Billings destaca que o entendimento de Calvino sobre a oração envolve uma resposta humana recíproca à graça divina como um ato significativo de participação.

CAPÍTULO 7

Síntese conclusiva

vivendo em união com Cristo

Neste capítulo final, quero reunir os fios de nossa discussão exegética e abordar algumas das questões conceituais e pastorais de uma forma que é, em um nível, mais abstrata, porque ocorre acima dos detalhes imediatos dos textos. No entanto, em outro nível, é mais concreta, porque articula verdades de uma maneira inteligível para nosso contexto moderno tardio.

"JÁ NÃO SOU EU QUEM VIVE, MAS CRISTO VIVE EM MIM": O QUE ISSO SIGNIFICA?

No início deste livro, indiquei que qualquer relato responsável sobre a identidade moral cristã deve começar e terminar com as palavras de Paulo em Gálatas 2.20: "já não sou eu quem vive, mas Cristo vive em mim". Mas o que isso realmente significa? Isso significa que nossas identidades particulares são inteiramente apagadas e simplesmente nos tornamos instanciações localizadas de Jesus? É isso que Paulo quis dizer quando disse que em Cristo "não pode haver judeu nem grego; nem escravo nem liberto; nem homem nem mulher" (Gl 3.28)?

Tal leitura de Paulo não faria justiça a alguns dos principais aspectos de seus escritos. Primeiro, ele ainda escreve como "Paulo"; essa é a identificação com a qual suas cartas começam. Ele não intitula suas cartas como se fossem mensagens de Jesus. Essa não é uma observação tão superficial quanto pode parecer. Existem muitos exemplos de pseudo-epigrafia no mundo antigo, com um escritor adotando a identidade de uma figura conhecida. Uma teoria plausível apresentada para explicar isso é que tal prática refletia, em algum sentido, que o personagem estava sendo canalizado pelo autor.[1] Muitas obras pseudo-epigráficas antigas são, na verdade, de origem judaica, de modo que essa prática estaria disponível para Paulo como uma opção se ele tivesse entendido sua nova identidade dessa maneira. Em vez disso, seu estilo de escrita continua a se basear em sua particularidade pessoal, mesmo que essa particularidade seja agora entendida em termos diferentes.

Em segundo lugar, Paulo também escreve para pessoas e igrejas que mantêm suas particularidades. Ele nomeia indivíduos, tanto homens quanto mulheres, e fala de suas contribuições particulares. Terceiro, seu relato sobre o "corpo de Cristo" enfatiza muito especificamente a particularidade diversa que caracteriza a igreja e as obrigações de cada membro de mostrar o devido cuidado pelos outros. Tudo isso indica que a linguagem de Paulo não pretende

---

1 Essa tese é cuidadosamente desenvolvida por Vicente Dobroruka, *Second Temple Pseudepigraphy: A Cross-Cultural Comparison of Apocalyptic Texts and Related Jewish Literature*. Ekstasis: Religious Experience from Antiquity to the Middle Ages 4 (Berlin: de Gruyter, 2014).

sugerir que somos simplesmente absorvidos pela identidade de Cristo, com nossas próprias particularidades sendo dissolvidas no processo.

Nem é Cristo-em-nós uma questão de posse. Como vimos em nossa discussão de Romanos 8, a linguagem de Paulo, em vez disso, sugere algum tipo de cosubjetividade, em que o Espírito de Cristo trabalha com o nosso. Seu Espírito e o nosso, que cotestificam para a adoção, permanecem distintos, mesmo que estejam coletivamente unidos a Cristo. Tomada isoladamente, a declaração de Paulo em Gálatas 2.20 poderia ser lida em qualquer uma dessas maneiras – como absorção ou possessão –, mas lida no contexto do resto de seus escritos, deve ser entendida de forma diferente.

Em vez disso, sugiro que o relato de Paulo sobre a identidade moral cristã deve ser entendido como envolvendo os seguintes elementos-chave. Primeiro, Paulo tem uma profunda sensação de que não é mais autocontido e que sua esperança está na outra realidade pessoal que agora o habita. Ele não é mais autônomo e a ruptura de seu senso de autossubsistência é crucial para sua nova identidade.[2] Em um nível, isso reflete a maneira como todos nós somos, na verdade, constituídos por meio de nossos relacionamentos com os outros, particularmente aqueles com quem compartilhamos intimidade. O romancista escocês Iain Banks capta isso muito bem ao refletir sobre a relação entre duas pessoas que se amam:

---

[2] Esse é um elemento-chave na crítica de J. Louis Martyn a Engberg-Pedersen. Veja seu ensaio, "De-apocalypticizing Paul: An Essay Focused on Paul and the Stoics, by Troels Engberg-Pedersen." *Journal for the Study of the New Testament* 86 (2002): 61–102.

> Você não pertence a ela e ela não pertence a você, mas vocês dois são parte um do outro; se ela se levantasse e saísse agora e fosse embora e vocês nunca mais se vissem pelo resto de suas vidas, e vocês vivessem uma vida comum acordada por mais cinquenta anos, mesmo assim em seu leito de morte você ainda saberia que ela era parte de você.
>
> Vocês deixaram suas marcas um no outro, ajudaram a moldar um ao outro; vocês deram um ao outro um tom na vida que eles nunca perderão completamente; independente do que aconteça.[3]

Mas essa qualidade geral e relacional de nossa personalidade – mesmo na forma rara que é experimentada no casamento – não é, no fim das contas, adequada como um relato do que significa estar unido a Cristo. Jesus não é apenas *um* outro significativo, mas para os cristãos, *o* outro significativo, e a natureza de nosso relacionamento com ele não é simplesmente de interação natural, mas envolve habitação. Estamos nele e ele está em nós.

Essa forma de pensar sobre a nossa identidade em Cristo dá sentido à importância da oração para o pensamento de Paulo, especialmente em Romanos 8. A oração é uma forma de relacionamento; não é algo que pode ser feito por uma pessoa autocontida que existe isoladamente, mas sempre requer um "outro" com quem nos relacionamos. Na oração, reconhecemos que nossas preocupações pessoais não são os horizontes de nossa existência, que não existimos de e para nós mesmos.

---

3 Iain Banks, *The Bridge* (London: Macmillan, 1986. Repr., London: Abacus, 2007), p. 378.

Oramos em comunhão com o Espírito, em comunhão com o Filho, e ambas as comunhões definem nossa comunhão com o Pai. Nenhuma outra relação corresponde a essa comunhão particular. Relacionamentos comuns podem nos afetar profundamente, podem nos influenciar de maneiras profundas, mas somente essa comunhão pode nos permitir dirigir-nos a Deus como "Aba". Na oração, vivemos nossa nova identidade constituída a partir dessa relação.

Em segundo lugar, o senso de Paulo sobre quem *ele está se tornando* – seu futuro eu – não é determinado por quem ele é em si mesmo, mas por Jesus. Não é que ele se tornará uma versão melhor de Paulo, como na teoria da virtude, mas ele virá a habitar as perfeições de Jesus. Quando o Espírito trabalha nele, não é para melhorar as melhores qualidades de Paulo e erradicar as más, para que Paulo acabe se tornando tão bom quanto poderia ser. Em vez disso, o Espírito trabalha para unir Paulo à bondade de Jesus, para que essa bondade se manifeste na particularidade da vida do apóstolo. A diferença pode parecer sutil, mas na verdade constitui uma distinção absoluta entre duas maneiras de pensar sobre a identidade moral do cristão.

Terceiro, e em função dos dois primeiros pontos, Paulo considera que a potência de sua nova identidade flui inteiramente da presença de Jesus e não de quaisquer forças dentro de seu eu natural. O Paulo natural é inteiramente impotente para fazer o bem, mas está unido a alguém cuja potência é incontestável. Em união com ele, Paulo pode fazer todas as coisas.

O que isso significa para nós? No nível mais básico, envolve o reconhecimento de que não definimos mais nossos próprios limites, porque não nos identificamos mais principalmente com a história que vivemos em nossas vidas. Sou incapaz de quebrar os ciclos do pecado em minha vida – tenho visto isso repetidamente – e meus membros e neurônios não possuem a potência necessária para viver uma nova história, mas agora estou unido a Jesus Cristo, e sou identificado principalmente por sua história. Essa nova identificação foi performatizada no batismo e na eucaristia, permitindo que a minha própria história fosse redefinida tanto pelo futuro de Jesus como pelo meu. Estou ciente de que seu Espírito habita em meus membros com toda a bondade vital do próprio Jesus. E assim, quando enfrento minhas tentações cotidianas, não é mais inevitável que minha história de fracasso se repita. É a sua história de vitória que espero que seja reiterada em mim. Hoje, esta noite, amanhã – o padrão que sempre se repetiu em mim (ou em você) será interrompido, porque há um novo agente envolvido.

Aqueles que pesquisam sobre vício têm reconhecido cada vez mais a importância da "plasticidade". Os padrões de comportamento que parecem estar programados em nosso cérebro nos controlam porque não temos expectativas de que possam ser mudados. Reconhecer que nossos cérebros são plásticos e, portanto, podem ser retreinados de forma que os padrões destrutivos não precisem se repetir, pode ser um passo crucial na recuperação. Para o cristão, essa plasticidade está associada à presença atuante de Jesus por meio de seu Espírito. O fracasso não é inevitável, porque somos habitados por ele.

Assim que esse foco é perdido e começo a ver o desafio moral como desafios que eu mesmo enfrento, usando meus próprios recursos, eu fracasso. Posso parecer vitorioso e posso receber o crédito por meu desempenho – posso, de fato, dar crédito a mim mesmo –, mas já voltei ao meu egocentrismo. E se eu não tiver o cuidado de me lembrar que o que o Espírito está fazendo é manifestar a bondade de Jesus em e por meio de minha particularidade, e não simplesmente me energizar, então cometerei o mesmo erro novamente.

Além desse reconhecimento básico, nossa identidade moral em Cristo se torna nosso *habitus* na oração, particularmente na oração que é deliberadamente emoldurada pela confissão trinitária. Eu oro "Aba, Pai" porque eu compartilho da filiação de Jesus; faço isso porque o Espírito testifica com meu espírito que essa forma de abordagem continua a ser apropriada. Estou perplexo e horrorizado com o mundo ao redor e dentro de mim, mas oro como alguém que habita a história de um salvador crucificado e ressuscitado. Na oração, sei que não pertenço a mim mesmo; eu me relaciono com Deus, em Deus, por Deus. Minhas particularidades permanecem – seja meu gênero, cor de cabelo ou descendência – e são diferentes das suas, mas estamos unidos à mesma pessoa pela mesma pessoa. Na oração vivemos essa união. Quando questionados, podemos ter dificuldade em articular o que isso envolve, mas sua verdade é aquela que vivemos. Deus se envolveu conosco e na oração ele nos envolve consigo mesmo.

VIRTUDE, DISCIPLINA E PSICOLOGIA POSSUEM ALGUM LUGAR NA IDENTIDADE MORAL CRISTÃ?

Esse relato da identidade moral cristã deixa algum espaço para as práticas de formação e disciplina que comumente fazem parte de nossa cultura de discipulado? A pergunta ocorrerá aos leitores porque muito do que escrevi pode sugerir que não.

Na verdade, acredito que tais práticas possuem um lugar legítimo em nosso discipulado, mas devem ser devidamente enquadradas pela união com Cristo; é quando são deslocados disso que se tornam problemáticas.

Paulo nos força a pensar sobre a salvação de maneira relacional, e os relacionamentos exigem esforço. Parte desse esforço é a disposição de organizar nossa vida de modo que a outra pessoa às vezes desfrute de nossa atenção total. Seguir um padrão regular de oração e leitura das Escrituras – o que muitas vezes é chamado de "tempo silencioso" – ou assistir ao culto e buscar a supervisão de outros cristãos, pode ser inestimável para o desenvolvimento de nosso relacionamento com Deus em Cristo. Alguns de meus amigos casados regularmente têm uma noite de encontro, uma noite que eles zelosamente protegem como tempo para passarem um com o outro, dedicados a lembrar um ao outro de seu amor. Fazer isso envolve disciplina, um compromisso de evitar que outras coisas invadam aquele tempo, mas a disciplina é distintamente relacional. Da mesma forma, ser casado envolve certas disciplinas sobre nosso relacionamento com outras pessoas: não podemos nos permitir fazer certas coisas ou pensar em outras pessoas de certas maneiras. Observamos fronteiras e limites porque cruzar essas linhas comprometeria o relacionamento. E de maneiras importantes, isso é "apetitivo": nosso relacionamento com a outra pessoa redefine a maneira como permitimos que nossos apetites funcionem. Por causa de nosso relacionamento com essa pessoa, não permitimos que nosso apetite possua ou consuma coisas que não são mais benéficas. Treinamos esses apetites para que alimentem o nosso relacionamento e não o comprometam. Isso é disciplina entendida positivamente.

Mas devemos ser claros: é a pessoa que deve ser o objeto de nossa atenção e a razão de nossa disciplina. Se tratarmos um momento de silêncio de leitura das Escrituras como um fim em si mesmo, em vez de um exercício de ouvir a Deus, ou se tratarmos os eventos de comunhão programados como a base em si para o crescimento cristão, perdemos de vista esse ponto vital. Podemos desfrutar dessas práticas pelas razões erradas, tendo prazer na aquisição de novos conhecimentos, aproveitando a energia social de um grupo de comunhão e sentindo-nos afirmados por nossos hábitos religiosos, ao mesmo tempo em que não direcionamos nenhuma atenção para o próprio Jesus. E se compartimentarmos Jesus como uma parte disso, perdendo de vista o fato de que ele é o mediador de tudo, então tudo o mais ficará distorcido. Se eu abordar o Antigo Testamento, por exemplo, como algo que leio para aprender sobre os mandamentos de Deus sobre como devo viver minha vida, em vez de algo em que procuro ouvir Cristo e entender como será sua presença em minha vida, eu caí na armadilha do farisaísmo. O que é surpreendente no relato de Paulo sobre o crescimento cristão é que, a cada passo, ele é direcionado a Jesus como aquele *em* quem a identidade cristã do apóstolo está crescendo. Isso e apenas isso é o que dá sentido à sua expressão, que de outra forma seria bizarra, "Porquanto, para mim, o viver é Cristo" (Fp 1.21).

Isso também significa que, quando falamos de virtude, devemos sempre fazê-lo de uma forma cuidadosamente cristã. É bom que a linguagem da virtude e do caráter tenha voltado a ser importante dentro do evangelicalismo, uma vez que reorienta o discurso da ética cristã para a identidade moral do cristão e não abstrai disso o desempenho da obediência.

Além disso, reconhece que nosso caráter está envolvido com nossos apetites; leva a sério até que ponto nossa identidade é dinamicamente afetada pelas maneiras como desejamos nos relacionar com as realidades que nos cercam. Mas se não definirmos imediatamente essa identidade como aquela que surge em união com Cristo e qualificarmos a maneira como falamos do eu cristão para refletir isso, corremos o risco de fazer da virtude uma espécie de heroísmo moral. A identidade moral cristã nunca deve ser entendida como heroísmo, mas sim como participação. É por isso que sempre envolve oração. A virtude cristã é algo distintamente excêntrico.[4]

Pela mesma razão, precisamos ser cuidadosos em como procuramos incorporar os insights da psicologia ou da ciência cognitiva da religião em nossas práticas de discipulado. Novamente, é essencialmente bom que tais áreas de estudo tenham se tornado populares dentro do evangelicalismo. Além de qualquer outra coisa, elas reconhecem que nossa experiência de discipulado está sempre incorporada e que os corpos em questão reagem e interagem com as circunstâncias de maneiras previsíveis, inclusive no nível da psicologia. Suas descobertas são extremamente úteis para entendermos a dimensão habitual de nossos padrões de comportamento e como eles podem ser interrompidos. Tanto para a tarefa pastoral quanto para a exegética, isso é inestimável. Mas é digno de nota (embora não seja surpreendente) que a apropriação cristã desses estudos costuma estar intimamente conectada à

---

4 Peguei emprestado a linguagem da "excentricidade" de David H. Kelsey, *Eccentric Existence: A Theological Anthropology* (Louisville: Westminster John Knox, 2009). Tal linguagem indica não apenas que a virtude cristã parece estranha aos olhos do mundo, mas também que está centrada em algo fora de nós.

renovação do interesse pela virtude. Tal como acontece com a teoria da virtude, qualquer tentativa de trazer as descobertas de tais estudos para a formação cristã deve reconhecer a necessidade de qualificar cuidadosamente a maneira como falamos da pessoa cristã ou do eu cristão. Em particular, devemos ter o cuidado de não "naturalizar" a formação do cristão, como se fosse algo que pudesse ser analisado e explicado em termos puramente naturais ou científicos. A presença interior de Jesus Cristo realizada pelo Espírito Santo não pode ser estudada empiricamente, e suas operações nunca são mecanicistas.

NUTRINDO NOSSA IDENTIDADE E CRESCENDO EM CRISTO

Existem coisas específicas que podem ser feitas para nutrir a identidade moral cristã propriamente dita? Essa, é claro, é uma questão vital para todos nós, à medida que buscamos crescer como cristãos e superar o pecado que nos assedia. É uma questão particularmente importante para os líderes cristãos. Conforme observado na seção anterior, a disciplina pessoal é importante, desde que esteja corretamente focada na pessoa de Jesus. Mas existem práticas que devemos priorizar dentro da igreja, práticas que ajudarão a nutrir a identidade daqueles que estão unidos a Cristo e a enfraquecer as identidades substitutas que frequentemente habitamos?

A resposta é que continuamos a fazer o que os cristãos sempre fizeram, mas com cuidado constante para entender o real significado dessas ações. Batizamos, partimos o pão, oramos, adoramos e lemos. Essas práticas podem ser mecânicas para nós ou podem ser assimiladas à nossa própria cultura (incluindo a subcultura evangélica). Isso não é uma coisa nova:

o que Paulo escreve aos coríntios mostra claramente que eles compreenderam mal os sacramentos do batismo e da eucaristia, provavelmente sob a influência da cultura mediterrânea e não do próprio evangelho. A resposta de Paulo é levar suas igrejas de volta à compreensão adequada dos sacramentos e, assim, entender sua própria identidade individual e coletiva.

Quando batizamos ou testemunhamos um batismo, então, é importante reconhecer que o simbolismo aponta não para o indivíduo se tornando uma nova criatura – seu próprio "novo eu" – mas para o indivíduo participando da nova criação que é constituída em Jesus. É importante que o nosso anúncio identifique o novo eu como aquele que se reveste do próprio Jesus Cristo. Como devemos lembrar a nós mesmos e aos que nos rodeiam, o batismo significa que a história pessoal de Jesus agora é nossa e que, consequentemente, seu futuro pessoal agora é nosso. Da mesma forma, quando celebramos a eucaristia, habitamos coletivamente e realizamos uma memória que define nossas relações com Deus, com os outros e com o mundo, e o fazemos de uma forma que localiza nossa experiência de participação entre a encarnação e a parousia. Se praticarmos esses sacramentos de maneira consciente, eles nos definem e o fazem de uma forma que resiste ao sectarismo e ao individualismo.

Na oração e na adoração, o caráter relacionalmente constituído de nosso eu cristão emerge e é expresso. Eu manifesto a verdade de que não existo "por mim mesmo" ou "para mim mesmo", que não sou o centro de minha própria existência. Pelo contrário, existo naquele a quem me dirijo, a quem oro, e essa realidade é partilhada com todos os que oram dessa forma. Na oração, meu eu particular – as coisas que são únicas para mim e que me distinguem de você – localiza-se deliberadamente em Cristo, lembrando-se da presença oculta de seu Espírito. É difícil fazer isso, com certeza. Eu gemo e choro e preciso da ajuda do Espírito para testificar que sou um filho de Deus, mas é na oração e na adoração que experimento minha particularidade sendo determinada pela dele.

Até mesmo nossos atos de leitura das Escrituras precisam ser definidos nesses termos pessoais. A linguagem de Colossenses captura isso muito bem, enquadrado no contexto da adoração, e não requerendo quaisquer comentários: "Habite, ricamente, em vós a palavra de Cristo; instruí-vos e aconselhai-vos mutuamente em toda a sabedoria, louvando a Deus, com salmos, e hinos, e cânticos espirituais, com gratidão, em vosso coração" (Cl 3.16).

LEGALISMO, JUSTIÇA PRÓPRIA E CAPITAL SIMBÓLICO

Uma parte central de nossa discussão neste livro diz respeito ao legalismo e à justiça própria. Temos a tendência de usar esses termos como se o problema em questão afetasse outras pessoas, não a nós mesmos. Quando pensamos em legalismo, tendemos a pensar em um compromisso de carteirinha com a salvação pelas obras ou em uma moralidade tradicional que simplesmente parece desatualizada. Quando pensamos em justiça própria, tendemos a pensar em pessoas presunçosas e que se consideram moralmente superiores aos outros. Na verdade, porém, as palavras rotulam problemas que estão muito mais próximos de cada um de nós. A justiça própria, no discurso de Paulo, é simplesmente uma maneira de pensar sobre a justiça como algo que pode ser associado à vida ou conduta de uma pessoa e que pode contribuir para seu status como um capital simbólico, independentemente de isso ser pensado nesses termos. É uma justiça que associo com meu próprio eu, em contraste com uma justiça que desfruto por causa de minha associação com outro, Jesus. Como tal, uma pessoa pode ser relativamente humilde e modesta, mas ainda assim farisaica, porque qualquer credibilidade moral que acreditamos ter, nós a associamos a nós mesmos.

Essa maneira de pensar sobre a justiça é uma função de uma maneira particular de se pensar sobre o eu como um agente e de uma maneira particular de pensar sobre o desempenho moral em relação ao status. Se eu me considero aquele que realiza boas ações – ou se outros me consideram dessa maneira –, então esse desempenho pode contribuir para meu status dentro da comunidade: posso ser um "membro destacado da igreja" e se meu desempenho parece ser melhor do que o de outros membros, então posso passar de membro a líder. Meu desempenho moral foi "mercantilizado": tornou-se uma mercadoria simbólica, ou capital social, pelo qual meu valor e status são avaliados. Esse capital social afeta a maneira como presumimos que seremos avaliados por outras pessoas e, talvez também, a maneira como pensamos que seremos avaliados por Deus.

Legalismo não é realmente uma palavra paulina, mas rotula de forma útil uma maneira de pensar sobre a vida moral que envolve o uso incorreto da lei. Ela vê a obediência à lei como algo que é feito por mim, com a realização moral se tornando meu capital. O problema não é supor que o cumprimento perfeito da lei é a chave para ser salvo. Em vez disso, presumo que sou o agente competente da obediência, cujo status na comunidade de Deus está materialmente ligado ao meu desempenho.

Uma vez que isso seja compreendido, podemos ver por que o legalismo e a justiça própria são problemas existenciais perenes para os cristãos, assim como foram para Paulo e os fariseus e, mais tarde, para Pedro e o grupo de circuncisão na Galácia. Se o pecado, como foi definido classicamente, é uma "virada para dentro de si mesmo" pela qual nos tornamos a coisa mais importante em nosso mundo, então essa maneira de pensar sobre a bondade moral – como algo que meu próprio eu realiza – sempre será sedutor, talvez subliminarmente, e facilmente unido com nossa vida religiosa. O único antídoto para isso é uma compreensão adequada de como o eu cristão se constitui em união com Cristo, o que desmonta a ideia de que "eu" sou aquele que cumpre a obediência autonomamente e a quem se pode creditar o capital social que é adquirido.

Mas aqui está o ponto em que nossa teologia popular pode ser tão problemática. Nossa ênfase na expiação substitutiva, por melhor que seja em si mesma, pode nos fazer pensar no lugar de Jesus em nossa salvação como principalmente associado ao perdão adquirido por meio de sua substituição. Quando pensamos em Jesus como "salvador", realmente queremos dizer que ele é aquele que nos salva da punição. O evangelho, aqui, é limitado a uma transação pela qual somos libertos da ira divina, com isso deslocado de um relato mais profundo do evangelho como a resposta completa para todo o problema do pecado. O evangelho de Jesus Cristo é a resposta ao poder escravizador e destrutivo do pecado, trazendo liberdade e cura, não apenas perdão. A obra de transformação do Espírito não é uma consequência do evangelho, mas é parte desse evangelho, e é tão completamente determinada pela identidade de Jesus Cristo quanto a cruz. Se perdermos isso de vista e passarmos a representar o Espírito como alguém que trabalha em seu próprio caminho para nos conduzir à nossa própria realização pessoal, para nos tornarmos nossa nova criação individual, então nosso relato do evangelho está errado e estamos vulneráveis aos problemas de legalismo e da justiça própria. Veremos o Espírito como alguém que nos ajuda a fazer o que antes não podíamos fazer por nós mesmos, em vez de vê-lo como aquele que nos ajuda a habitar em Cristo e a nos tornarmos membros de Cristo.

Essa maneira de pensar sobre legalismo e justiça própria, ou o problema das "obras", também oferece uma forma alternativa à massa de estudos do Novo Testamento que buscou abordar a deficiência percebida nos relatos protestantes da justificação pela fé. Ao entender o legalismo e a justiça própria como manifestando a busca instintiva ou subliminar de capital social ou simbólico, que dá a si mesmo uma sensação de status em relação a outras pessoas e em relação a Deus, ultrapassamos os problemas associados aos relatos populares de "salvação pelas obras" (que realmente não funcionam como descrições do judaísmo antigo) sem ter que sacrificar noções mais clássicas de justiça e imputação. A chave é que identificamos o problema em ação no farisaísmo ou na heresia da Galácia não como uma compreensão falha da lei, mas como uma compreensão falha do eu como agente moral.

Isso nos leva a um território diferente daquele de N. T. Wright e outros representantes da Nova Perspectiva. Para Wright, o problema personificado pelos fariseus e pelos gálatas envolvia o uso da lei como meio de estabelecer (e estreitar) as fronteiras entre o povo de Deus e o resto da humanidade, quebrando assim o verdadeiro propósito da eleição de Israel e a entrega da própria lei, que deveria trazer a bênção restauradora de Deus para todo o mundo. Quando Paulo fala de justificação em Cristo, Wright entende que isso significa algo diferente da noção clássica de justiça imputada: em vez disso, indica o pertencimento a aliança de Deus, algo que agora é constituído pelo relacionamento com Jesus, não pelo relacionamento com a lei, e isso está aberto ao mundo. A abordagem que adotei aqui afirma elementos disso, ao ver o desempenho da obediência como algo que gera capital simbólico pelo qual nossa condição de "membros" é afirmada para nós mesmos, para nossos pares e para Deus. Isso pode não ser o resultado de um esforço deliberado ou consciente de nossa parte. Em vez disso, está contido em nossa constituição, nossa carne, como Paulo a chama, e opera profundamente em nossa psique. Esse capital social é adquirido por quem age: é uma justiça que é "minha". Isso pressupõe que eu sou tanto competente para agir de forma digna de crédito quanto sou aquele que deveria receber esse crédito, porque "eu" sou o agente moral. O relato de Paulo sobre a justiça em Cristo se opõe inteiramente a isso, reconhecendo que "eu" não tenho tal competência natural e que a bondade que faço como crente é feita por meio da presença interior de Cristo. O "eu" nunca pode ser creditado com justiça, porque esse "eu" não vive mais; agora é o eu-em-Cristo que vive, e é o Cristo-em-mim que trabalha. A justiça é dele; eu a desfruto porque participo dele. A imputação de justiça, então, não é um conceito frio de folhas de crédito ou extratos bancários, mas de união pessoal: a justiça de Cristo habita em mim porque Cristo habita em mim, e eu habito nele.

A mesma afirmação se opõe a qualquer forma de pensar sobre a justiça cristã que minimiza a importância de sua manifestação real em nossas vidas. Como observamos na introdução, outra vertente de estudos no Novo Testamento tem visto qualquer ênfase na transformação moral do crente individual como inconsistente com uma ênfase adequada na graça, redefinindo até mesmo a noção de "fé", para que esta não seja vista como uma obra que em algum sentido condiciona a maneira como Deus se relaciona conosco. Por trás disso está um modo particular de pensar sobre a graça que enfatiza sua prioridade e não reciprocidade: a salvação é um dom gratuito[5] que se dá a quem não pode dar uma retribuição recíproca a Deus por ela. Ela não é dada àqueles que podem devolver o investimento, mas para aqueles que não são merecedores. Como observamos na introdução, essa forma de pensar sobre o dom como algo "não recíproco" foi recentemente criticada por John Barclay.[6] Ele observa a falha em reconhecer as maneiras pelas quais Paulo apresenta o dom divino como algo que é dado aos incapazes, mas que causa mudanças reais neles. O dom é dado aos "inadequados", mas traz uma "adequação". O que quero dizer aqui se baseia nessa observação e vai além: exatamente porque o dom envolve a união com Jesus, cuja justiça agora habita ativamente em nossos membros por meio do Espírito, ela se manifestará em uma vida transformada.

---

5 A própria expressão "free gift" [dom gratuito] é usada na tradução das palavras subjacentes para "dom" (*dōrēma*, *charisma*) na ESV [English Standard Version] e em algumas outras versões, mas é (um tanto ironicamente) uma tradução excessivamente dinâmica e teologicamente determinada das palavras gregas. Elas significam simplesmente "dom" e é o contexto que indica a maneira distinta em que Paulo desenvolve essa ideia.

6 John M. G. Barclay, *Paulo e o dom*. São Paulo: Paulus, 2018.

AMOR, OBEDIÊNCIA E UNIDADE CRISTÃ

A transformação de nossas vidas pela presença de Cristo deve se manifestar nas práticas do amor. Ele é amor, e é o Amor que agora nos habita e que nós, por sua vez, habitamos. Nossa prestação de nova obediência a Deus é uma manifestação do amor do Filho pelo Pai, mas também do amor do Pai pelo Filho e por aqueles aos quais o Filho está unido. Como vimos em Romanos 8, o Pai nos envolve na realidade da providência. Ele torna possível para nós servi-lo, clamar "Aba Pai" e, eventualmente, ouvir as palavras "Muito bem, servo bom e fiel" (Mt 25.23).

Embora esse amor deva agora definir tudo o que fazemos, ele deve se manifestar de maneira distinta na comunhão do corpo de Cristo, a igreja. Embora não tenhamos examinado em profundidade 1 Coríntios 13, a famosa descrição do amor de Paulo, olhamos para seus capítulos precedentes, que afirmam que nossa identidade em Cristo é coletiva. Estamos unidos a Cristo e em Cristo estamos unidos uns aos outros. Nossas representações simbólicas dessa nova identidade retratam essa verdade: há um pão, um cálice, um Espírito do qual todos nós bebemos, um Senhor, uma fé, um batismo. A unidade da igreja é uma função de nossa união com o único Deus por meio do único mediador.

Na realidade, é claro, a manifestação desse amor na irmandade será imperfeita por causa da persistência do pecado. A igreja continuará a ser o lugar onde ocorre a guerra da carne e do espírito. Porém, destacamos algo importante no decorrer deste livro, e é que nossas práticas de desunião podem ser uma função de nossa teologia problemática.

Se perdermos de vista a união com Cristo como base de toda identidade cristã, então perdemos de vista o real significado das declarações de Paulo a respeito de nossa unidade em Cristo: "Dessarte, não pode haver judeu nem grego; nem escravo nem liberto; nem homem nem mulher; porque todos vós sois um em Cristo Jesus" (Gl 3.28). Uma vez que isso aconteça, perderemos de vista o fato de que a unidade cristã é uma função essencial de nossa participação coletiva em Cristo, e começaremos a redefinir a unidade como algo que emerge de nosso acordo doutrinário ou práticas eclesiais. Então começamos a subdividir o corpo. Precisamos nos lembrar da chocante verdade de que aqueles de quem discordamos estão tão unidos a Jesus Cristo no corpo de Cristo quanto nós. Isso não torna menos importante discutirmos sobre o que constitui uma boa teologia ou uma boa prática cristã. Na verdade, torna-o mais importante, porque é motivado pelo amor aos irmãos na fé.

Vou correr o risco de dar um exemplo particularmente provocante disso. Muito do debate em torno das relações entre pessoas do mesmo sexo ou identidade LGBTI dentro da igreja foi marcado por uma polarização inicial envolvendo rótulos. Para os conservadores, isso geralmente envolve afirmar que aqueles que defendem uma posição diferente da sua "não são realmente cristãos" ou não são "cristãos que creem na Bíblia", pois é simplesmente impensável para eles que um companheiro cristão defenda a posição não tradicional. Estou levantando isso não para tomar partido nesse debate, mas antes para destacar que essa rotulação permite efetivamente aos cristãos em questão dispensar os outros e deixar de cuidar deles como membros do corpo.

Esses debates foram públicos e pareceram publicamente sem amor; são conversas entre inimigos. E, efetivamente, eles mataram qualquer diálogo real. A conversa foi interrompida logo após o exercício de rotulação, pois não há razão para que continue. Por outro lado, se começarmos com a afirmação de que esses são irmãos na fé, não temos desculpa para nos afastarmos da conversa e não temos desculpa para conduzi-la de outra forma que não seja em amor. Longe de ofuscar a substância das questões, torna-as ainda mais importantes. No processo, podemos descobrir que nossas próprias opiniões mudam ou podem ser reforçadas ao considerarmos as fragilidades da alternativa, mas sempre consideramos os outros membros do corpo com a generosidade que vem do amor: "O amor é paciente, é benigno; o amor não arde em ciúmes, não se ufana, não se ensoberbece, não se conduz inconvenientemente, não procura os seus interesses, não se exaspera, não se ressente do mal; não se alegra com a injustiça, mas regozija-se com a verdade; tudo sofre, tudo crê, tudo espera, tudo suporta" (1Co 13.4-7).

No entanto, a atitude de amor envolve um reconhecimento adequado da identidade cristã e da obrigação mútua como sendo fundamentadas em nossa união com Cristo, e aqui talvez esteja o problema que comprometeu esses debates. Se nosso relato da identidade cristã carece de uma ênfase apropriada na união com Cristo, então será definido mais naturalmente em termos do conteúdo de nossas crenças e a concordância de nossas práticas. Para pertencer a um grupo, precisamos concordar uns com os outros. Aqueles que não concordam simplesmente não pertencem. Consequentemente, não sentimos necessidade de amá-los como devemos.

Esse é um exemplo claro, mas a cada dia em um nível mais mundano, os cristãos negam a unidade do corpo definindo seus limites de acordo com suas crenças, e não de acordo com a união com Cristo.

ALÉM DA IMITAÇÃO: TEOLOGIA TRINITÁRIA E ÉTICA PARTICIPATIVA

Comecei este livro com alguns comentários sobre como um relato da identidade moral cristã que leva a sério o conceito de união com Cristo difere dos relatos evangélicos populares do evangelho. Permitam-me encerrar com algumas reflexões sobre a estrutura trinitária dessa identidade, reunindo alguns dos temas que surgiram ao longo do livro e considerando-os em relação ao evangelicalismo popular e aos estudos bíblicos acadêmicos.

A união com Cristo e sua relação com nossa identidade moral é baseada em uma teologia encarnacional que reconhece as duas naturezas de Cristo, consideradas em termos ontológicos. Jesus *é* Deus e ele *é* homem; ele *é* o Criador e ele *é* uma criatura. Na pessoa do mediador, essas duas naturezas estão unidas e, como tal, ele tem um parentesco dual que lhe permite, de forma única, ser o mediador da aliança entre Deus e seu povo. Ele compartilha um parentesco com Deus o Pai como Deus o Filho, e ele compartilha um parentesco conosco como nosso irmão. A própria união envolve o Espírito Santo, não como aquele que constitui a divindade de Cristo (como alguém como James Dunn argumentaria),[7] mas como aquele por meio de quem o Filho atua sobre a natureza humana que

---

7 Veja o subtítulo "Gálatas 4: adoção e identidade cristã", no capítulo 5.

ele uniu a si mesmo. O mediador, pela atividade do Espírito, oferece obediência perfeita da criatura ao Pai. Por causa de nosso parentesco com ele, podemos compartilhar isso, e esse compartilhamento é mais do que apenas representacional ou simbólico: é real. Pois o mesmo Espírito – seu Espírito – atua em nossa carne de maneira correspondente para realizar uma transformação dentro de nós. No Espírito, ele habita em nós; pelo Espírito, nós o habitamos.

Este relato encarnacional, por sua vez, repousa em um relato adequadamente concebido da Trindade, que não perde de vista a simplicidade essencial de Deus. Canonicamente, como Katherine Sonderegger enfatizou recentemente, conhecemos Deus como um muito antes de conhecê-lo como três, e a forma dessa revelação é importante.[8] Fundamentalmente, isso evita que vejamos o Espírito como uma energia independente que trabalha para nos transformar em versões melhores de nós mesmos. Em vez disso, exige que o vejamos como aquele que trabalha para realizar a identidade do Filho em nós, e o próprio Filho é visto como Deus operando a reconciliação, tornando-se presente conosco e em nós.

Para grande parte dos estudos bíblicos acadêmicos, tais categorias são, em sua maioria, estranhas. Mesmo os estudos bíblicos conservadores que defenderam a alta cristologia primitiva mudaram amplamente para usar a linguagem do "binitarianismo", em que o que é defendido é a divindade de Jesus como um objeto de adoração.[9] O lugar do Espírito é amplamente negligenciado.[10] Isso tem um paralelo nos

---

8 Sonderegger, *Doctrine of God*.
9 Veja, por exemplo, Hurtado, *Lord Jesus Christ*.
10 Existem algumas exceções notáveis a isso. Gordon Fee dedicou uma série de obras

estudos que estão menos preocupados com a cristologia e mais preocupados com a soteriologia. Até mesmo o magnífico estudo de John Barclay, *Paulo e o dom* – que realmente afirma um entendimento bastante tradicional da justificação pela fé e argumenta que a teologia de Lutero foi, na verdade, uma peça cuidadosa de recontextualização, ao invés do anacronismo que muitas vezes tem sido acusado – dedica apenas algumas páginas ao Espírito,[11] o que parece uma decisão estranha quando consideramos quão proeminente o Espírito tem sido em nossas próprias reflexões. Mais amplamente, o Espírito é negligenciado ou visto como algum tipo de fenômeno psicológico.

Isso teve um efeito seriamente distorcido nos relatos da soteriologia. Com apenas algumas exceções,[12] a maioria dos

---

ao estudo do Espírito, incluindo seu *Paulo, o Espírito e o povo de Deus* (São Paulo: Vida Nova, 2015) e seu magistral *God's Empowering Presence: The Holy Spirit in the Letters of Paul* (Peabody, MA: Hendrickson, 1994. Repr., Grand Rapids: Baker Academic, 2011). John R. Levison também fez contribuições importantes para o estudo sobre o Espírito Santo, que são sensíveis tanto às questões contextuais do Judaísmo do Segundo Templo quanto às correntes filosóficas da erudição moderna. Veja seu *Filled with the Spirit* (Grand Rapids: Eerdmans, 2009). Conforme observado em vários pontos já neste livro, James Dunn também foi um dos poucos estudiosos a dar ao Espírito Santo uma proporção apropriada em sua obra, embora sua representação do papel do Espírito na encarnação seja algo que considero problemático.

11 Barclay, *Paulo e o dom*, p. 371–375, 384–387. Embora o Espírito seja mencionado em outras partes do livro, essas são as únicas partes que realmente envolvem uma discussão sustentada de seu papel. Dito isso, Barclay é profundamente sensível ao fato de que a representação de Paulo sobre o Espírito exige um relato distinto da agência moral cristã: "A presença de Cristo interior como 'o Espírito' significa que o crente não é de modo algum autogerado ou independente, muito menos autônomo... Ao mesmo tempo, Paulo não hesita em chamar crentes como agentes". *Paulo e o dom*, p. 386.

12 Notavelmente, Beverly Gaventa ("Shape of the 'I'") and Susan Eastman (*Paul and the Person*).

estudiosos que trabalham nos chamados relatos participativos da salvação leem o material de uma forma que não permite uma tração real na vida dos crentes. Isso apesar do fato de que muitos se consideram oferecendo relatos teologicamente perspicazes e corretamente moldados pela preeminência da cristologia. Mas é uma cristologia que foi deslocada de sua estrutura trinitária clássica e carece, em particular, de uma compreensão robusta da teologia propriamente dita – o que Deus é em si mesmo – e uma compreensão robusta do Espírito como aquele por quem Deus age sobre a criação para realizar a transformação prometida pelo evangelho.

Mas aqui está o problema: a teologia evangélica, particularmente em suas formas populares, é muito melhor? Quantas vezes você já esteve em contextos onde há um sério engajamento com a cristologia de duas naturezas ou uma discussão dos problemas com o monofisismo? Quantas vezes você já falou sobre a simplicidade divina? O problema é que nosso evangelicalismo está muito mais comprometido com a modernidade e suas tendências do que frequentemente reconhecemos e é muito mais cultural e muito menos teológico do que muitas vezes pensamos que seja. O declínio da teologia séria é, eu suspeito, uma grande parte do motivo pelo qual frequentemente operamos com uma descrição da identidade moral cristã que é um tanto diferente daquela que venho delineando aqui.

Em particular, acredito que esse declínio está por trás do relato bastante tênue da imitação operante na abordagem que pergunta: "O que Jesus faria?". Essa abordagem atribui uma prioridade admirável à pessoa de Jesus e às narrativas do evangelho nas quais suas ações são descritas, mas não as enquadra adequadamente em relação à teologia trinitária; falta um relato do Espírito que relacione apropriadamente sua obra com a identidade de Cristo e falta uma soteriologia que entenda apropriadamente o papel mediador do Filho.

Além da noção excessivamente simplista de agência cristã que geralmente está implicada, que é aquela que critiquei ao longo deste livro, a abordagem não pode negociar de forma significativa o abismo entre nossas particularidades pessoais e morais e as de Jesus de Nazaré. Para um marido perguntar "O que Jesus faria?" em relação aos desafios internos de um casamento é problemático porque Jesus era solteiro. Também é problemático para sua esposa perguntar a mesma coisa, mas ainda mais, porque Jesus é de um gênero diferente do dela. Tais particularidades se multiplicam quanto mais as consideramos. Simplificando, as narrativas do evangelho nunca podem nos dar todos os recursos de que precisamos para navegar nas decisões morais ou éticas que enfrentamos. Precisamos de um engajamento mais completo com as Escrituras para sustentar tal reflexão e que seja devidamente instruído por nosso relacionamento moral com Jesus. Isso não minimiza a importância das narrativas do evangelho nem diminui a necessidade de um certo tipo de imitação, mas as coloca em uma estrutura mais rica e faz a pergunta de uma maneira sutilmente diferente: "Como a presença ativa de Jesus influencia esta situação uma vez que seu Espírito trabalha em e através de nós?" ou, "Como posso habitar na bondade de Jesus pelo seu Espírito?".[13]

No final, isso também deve nos levar a um relato mais denso e teologicamente mais completo da vida da igreja de

---

[13] Essa deficiência teológica me parece ser o problema com Burrridge, *Imitating Jesus*.

Cristo como sua presença encarnada no mundo. A igreja não é simplesmente uma comunidade que foi salva do castigo de Deus, não é simplesmente uma comunidade que agora adora e serve a Deus, e não é simplesmente uma comunidade marcada por uma semelhança imitativa com Jesus Cristo. A comunidade personifica a vida e a bondade do próprio Jesus, pois é constituída pela presença de seu Espírito. Ela habita a bondade de Jesus, assim como sua bondade a habita. É por isso que, no final, a carne que luta contra o Espírito não sairá vitoriosa. É por isso que o pecado não será a realidade definidora final da minha vida ou da sua ou do corpo de santos ao qual pertencemos. A realidade definidora final de nossas vidas e de nossa igreja é a poderosa bondade de Jesus Cristo.

Bibliografia selecionada

ALLEN, Michael. *Sanctification*. New Studies in Dogmatics. Grand Rapids: Zondervan, 2017.

ARNOLD, Clinton. *The Colossian Syncretism: The Interface between Christianity and Folk Belief at Colossae*. WUNT 2.77. Tübingen: Mohr Siebeck, 1995.

BANKS, Iain. *The Bridge*. London: Macmillan, 1986. Repr., London: Abacus, 2007.

BARCLAY, John M. G. *Paulo e o dom*. São Paulo: Paulus, 2018.

BARCLAY, John M. G., e GATHERCOLE, Simon J. *Divine and Human Agency in Paul and His Cultural Environment*. LNTS 335. London: T&T Clark, 2006.

BARR, James. "'*Abbā*' Isn't 'Daddy.'" *Journal of Theological Studies* 39 (1988): 28–47.

BAUCKHAM, Richard. *God Crucified: Monotheism and Christology in the New Testament*. Grand Rapids: Eerdmans, 1999.

BILLINGS, J. Todd. *Calvin, Participation, and the Gift: The Activity of Believers in Union with Christ*. Changing

Paradigms in Historical and Systematic Theology. Oxford: Oxford University Press, 2008.

_____. *Union with Christ: Reframing Theology and Ministry for the Church*. Grand Rapids: Baker Academic, 2011.

BIRD, Michael F., e SPRINKLE, Preston M., eds. *The Faith of Jesus Christ: Exegetical, Biblical, and Theological Studies*. Peabody, MA: Hendrickson, 2009.

BITNER, Bradley J. *Paul's Political Strategy in 1 Corinthians 1–4: Constitution and Covenant*. SNTSMS 163. Cambridge: Cambridge University Press, 2015.

Blade Runner. Dirigido por Ridley Scott. 1982; Burbank, CA: Warner Home Video, 2007. DVD.

Blade Runner 2049. Dirigido por Denis Villeneuve. Burbank, CA: Warner Bros. Entertainment, 2017. Blu-ray Disc.

BURKE, Kenneth. *Language as Symbolic Action: Essays on Life, Literature, and Method*. Berkeley: University of California Press, 1966.

_____. *Permanence and Change: An Anatomy of Purpose*. Berkeley: University of California Press, 1954.

BURRIDGE, Richard. *Imitating Jesus: An Inclusive Approach to New Testament Ethics*. Grand Rapids: Eerdmans, 2007.

_____. *What Are the Gospels? A Comparison with Graeco-Roman Biography*. Cambridge: Cambridge University Press, 1992.

CAMPBELL, Douglas A. "The Current Crisis: The Capture of Paul's Gospel by Methodological Arianism." Pages 37–48 em *Beyond Old and New Perspectives on Paul: Reflections on the Work of Douglas Campbell*. Editado por Chris Tilling. Eugene, OR: Cascade, 2014.

_____. *The Deliverance of God: An Apocalyptic Rereading of Justification in Paul*. Grand Rapids: Eerdmans, 2009.

_____. "Douglas Campbell's Response to Scott Hafemann." Pages 230–33 em *Beyond Old and New Perspectives on Paul: Reflections on the Work of Douglas Campbell*. Editado por Chris Tilling. Eugene, OR: Cascade, 2014.

_____. "Rereading Paul's ΔΙΚΑΙΟ-Language." Pages 196–213 em *Beyond Old and New Perspectives on Paul: Reflections on the Work of Douglas Campbell*. Editado por Chris Tilling. Eugene, OR: Cascade, 2014.

CARSON, D. A., O'BRIEN, Peter. e SEIFRID, Mark A., eds. *Justification and Variegated Nomism*. 2 vols. Grand Rapids: Baker Academic, 2001–4.

CHESTER, Stephen. *Reading Paul with the Reformers: Reconciling Old and New Perspectives*. Grand Rapids: Eerdmans, 2017.

CROASMUN, Matthew. *The Emergence of Sin: The Cosmic Tyrant in Romans*. Oxford: Oxford University Press, 2017.

CROSSAN, J. D. *The Historical Jesus: The Life of a Mediterranean Jewish Peasant*. San Francisco: HarperOne, 1993.

DAVIS, Joshua B., e HARINK, Douglas K., eds. *Apocalyptic and the Future of Theology: With and beyond J. Louis Martyn*. Eugene, OR: Cascade, 2012.

DICK, Philip K. *Do Androids Dream of Electric Sheep?* Garden City, NY: Doubleday, 1968.

DOBRORUKA, Vicente. *Second Temple Pseudepigraphy: A Cross-Cultural Comparison of Apocalyptic Texts and Related Jewish Literature*. Ekstasis: Religious

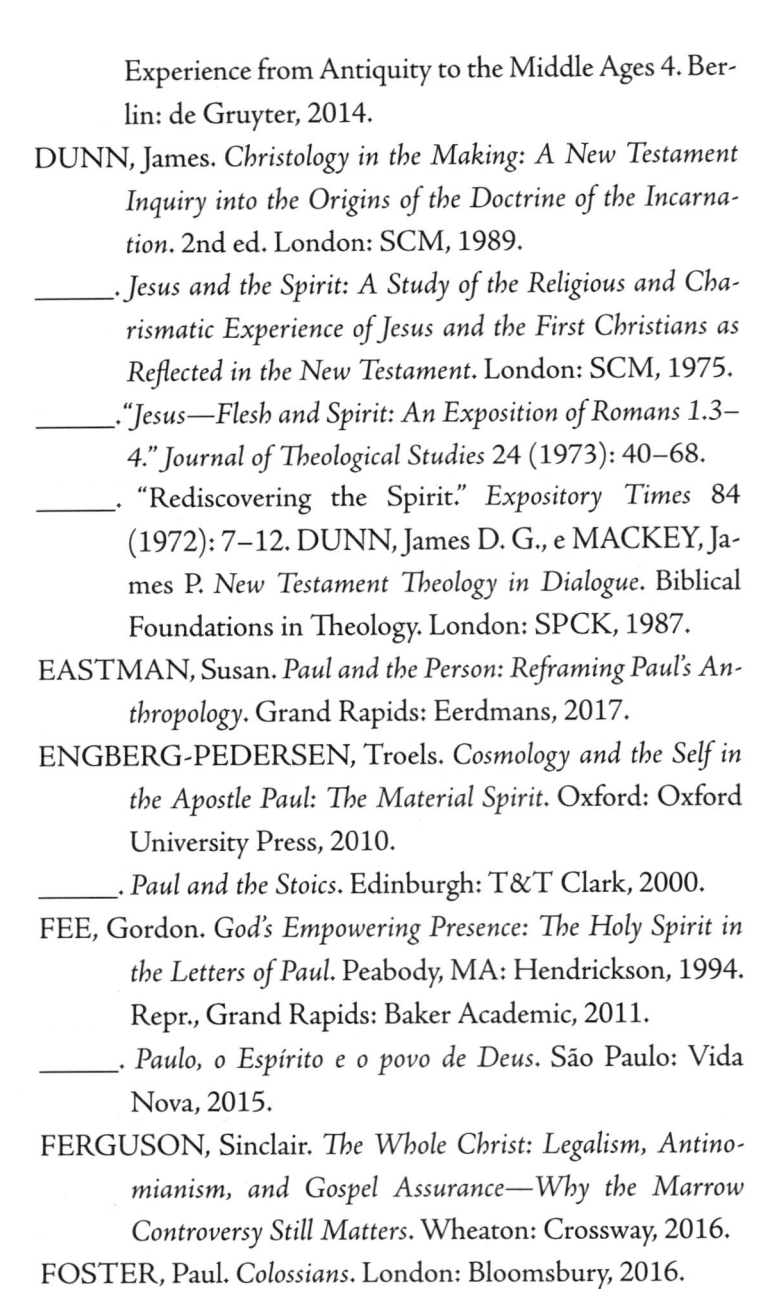

Experience from Antiquity to the Middle Ages 4. Berlin: de Gruyter, 2014.

DUNN, James. *Christology in the Making: A New Testament Inquiry into the Origins of the Doctrine of the Incarnation*. 2nd ed. London: SCM, 1989.

_____. *Jesus and the Spirit: A Study of the Religious and Charismatic Experience of Jesus and the First Christians as Reflected in the New Testament*. London: SCM, 1975.

_____."Jesus—Flesh and Spirit: An Exposition of Romans 1.3–4." *Journal of Theological Studies* 24 (1973): 40–68.

_____. "Rediscovering the Spirit." *Expository Times* 84 (1972): 7–12. DUNN, James D. G., e MACKEY, James P. *New Testament Theology in Dialogue*. Biblical Foundations in Theology. London: SPCK, 1987.

EASTMAN, Susan. *Paul and the Person: Reframing Paul's Anthropology*. Grand Rapids: Eerdmans, 2017.

ENGBERG-PEDERSEN, Troels. *Cosmology and the Self in the Apostle Paul: The Material Spirit*. Oxford: Oxford University Press, 2010.

_____. *Paul and the Stoics*. Edinburgh: T&T Clark, 2000.

FEE, Gordon. *God's Empowering Presence: The Holy Spirit in the Letters of Paul*. Peabody, MA: Hendrickson, 1994. Repr., Grand Rapids: Baker Academic, 2011.

_____. *Paulo, o Espírito e o povo de Deus*. São Paulo: Vida Nova, 2015.

FERGUSON, Sinclair. *The Whole Christ: Legalism, Antinomianism, and Gospel Assurance—Why the Marrow Controversy Still Matters*. Wheaton: Crossway, 2016.

FOSTER, Paul. *Colossians*. London: Bloomsbury, 2016.

FREDERICK, John. *The Ethics of the Enactment and Reception of Cruciform Love: A Comparative Lexical, Conceptual, Exegetical, and Theological Study of Colossians 3:1–17*. WUNT. Tübingen: Mohr Siebeck, a ser lançado.

GARCIA, Mark. *Life in Christ: Union with Christ and Twofold Grace in Calvin's Theology*. Studies in Christian History and Thought. Carlisle, UK: Paternoster, 2008. Repr., Eugene, OR: Wipf & Stock, 2008.

GATHERCOLE, Simon. *Where Is Boasting? Early Jewish Soteriology and Paul's Response in Romans 1–5*. Grand Rapids: Eerdmans, 2003.

GAVENTA, Beverly R. "The Shape of the 'I': The Psalter, the Gospel, and the Speaker in Romans 7." Pages 77–92 em *Apocalyptic Paul: Cosmos and Anthropos in Roman 5–8*. Editado por Beverly R. Gaventa. Waco: Baylor University Press, 2013.

GOLDMAN, William. *The Princess Bride*. New York: Macmillan, 1973. 2nd ed., New York: Bloomsbury, 1999.

GORMAN, Michael. *Cruciformity: Paul's Narrative Spirituality of the Cross*. Grand Rapids: Eerdmans, 2001.

_____. *Inhabiting the Cruciform God: Kenosis, Justification, and Theosis in Paul's Narrative Soteriology*. Grand Rapids: Eerdmans, 2009.

HAFEMANN, Scott. "Reading Paul's ΔΙΚΑΙΟ-Language: A Response to Douglas Campbell's 'Rereading Paul's ΔΙΚΑΙΟ-Language.'" Pages 214–29 em *Beyond Old and New Perspectives on Paul: Reflections on the Work of Douglas Campbell*. Editado por Chris Tilling. Eugene, OR: Cascade, 2014.

HARTMAN, Lars. "'Into the Name of Jesus': A Suggestion concerning the Earliest Meaning of the Phrase." *New Testament Studies* 20 (1974): 432–40.

HAUERWAS, Stanley. *Character and the Christian Life: A Study in Theological Ethics*. San Antonio: Trinity University Press, 1975.

HAUERWAS, Stanley e PINCHES, Charles. "Virtue Christianly Considered." Pages 287–304 em *Christian Theism and Moral Philosophy*. Editado por M. D. Beaty, C. D. Fisher, e M. T. Nelson. Macon, GA: Mercer University Press, 1998.

HAYS, Richard B. *The Faith of Jesus Christ: The Narrative Substructure of Galatians 3:1–4:11*. SBLDS 56. Atlanta: SBL Press, 1983. 2nd ed., Grand Rapids: Eerdmans, 2001.

_____. *First Corinthians*. Interpretation. Louisville: Westminster John Knox, 1997.

HERDT, Jennifer A. *Putting on Virtue: The Legacy of the Splendid Vices*. Chicago: University of Chicago Press, 2008.

HURTADO, Larry. *Lord Jesus Christ: Devotion to Jesus in Earliest Christianity*. Grand Rapids: Eerdmans, 2003.

JENSEN, Matt. *The Gravity of Sin: Augustine, Luther, and Barth on homo incurvatus in se*. London: T&T Clark, 2007.

KASEMANN, ERNST. "The Beginnings of Christian Theology." *Journal for Theology and the Church* 6 (1969): 17–46. Tradução de "Die Anfänge christlicher Theologie." *Zeitschrift für Theologie und Kirche* 57 (1960): 162–85.

_____. *Commentary on Romans*. Traduzido e editado por Geoffrey W. Bromiley. Grand Rapids: Eerdmans, 1980.

KEITH, Chris. "Social Memory Theory and Gospels Research: The First Decade." *Early Christianity* 6 (2015): 354–76, 517–42.

KELLER, Timothy. *Ego transformado: a alegria que brota do evangelho e traz a verdadeira alegria*. São Paulo: Vida Nova, 2014.

_____. *Prayer: Experiencing Awe and Intimacy with God*. London: Hodder & Stoughton, 2014.

KELSEY, David H. *Eccentric Existence: A Theological Anthropology*. Louisville: Westminster John Knox, 2009.

KILBY, Karen. "Perichoresis and Projection: Problems with Social Doctrines of the Trinity." *New Blackfriars* 81 (2000): 432–45.

LETHAM, Robert. *Union with Christ: In Scripture, History, and Theology*. Phillipsburg, NJ: P&R, 2011.

LEVISON, John R. *Filled with the Spirit*. Grand Rapids: Eerdmans, 2009.

_____. *Inspired: The Holy Spirit and the Mind of Faith*. Grand Rapids: Eerdmans, 2013.

LIETZMANN, Hans. *Mass and Lord's Supper: A Study in the History of the Liturgy*. Traduzido por Dorothea Holman Gessner Reeve. Leiden: Brill, 1979.

MACASKILL, Grant. "Incarnational Ontology and the Theology of Participation in Paul." Pages 87–102 em *"In Christ" in Paul: Explorations in Paul's Theology of Union and Participation*. Editado por Kevin J.

Vanhoozer, Constantine Campbell, and Michael Thate. WUNT 2.384. Tübingen: Mohr Siebeck, 2014.

_____. "Review Article: *The Deliverance of God.*" *Journal for the Study of the New Testament* 34 (2011): 150–61.

_____. *Union with Christ in the New Testament.* Oxford: Oxford University Press, 2013.

MACINTYRE, Alasdair. *After Virtue: A Study in Moral Theory.* Notre Dame, IN: University of Notre Dame Press, 1981.

MALINA, Bruce. *The New Testament World: Insights from Cultural Anthropology.* Atlanta: John Knox, 1981.

MARTYN, J. Louis. "De-apocalypticizing Paul: An Essay Focused on Paul and the Stoics, by Troels Engberg--Pedersen." *Journal for the Study of the New Testament* 86 (2002): 61–102.

_____. *Galatians: A New Translation with Introduction and Commentary.* New York: Doubleday, 1997.

MILLER, Colin D. *The Practice of the Body of Christ: Human Agency in Pauline Thought after MacIntyre.* Princeton Theological Monograph Series. Eugene, OR: Pickwick, 2014.

MOLTMANN, Jürgen. *Teologia da esperança: estudos sobre os fundamentos e as consequências de uma escatologia cristã.* São Paulo: Loyola, 2005.

NIKKANEN, P. Markus. "Participation in Christ: Paul and Pre-Pauline Eucharistic Tradition." PhD diss., University of Aberdeen, 2018.

PORTER, Stanley E. e PITTS, Andrew. "Πίστις with a Preposition and Genitive Modifier: Lexical, Semantic, and Syntactic Considerations in the Πίστις Χριστοῦ

Debate." Pages 33–53 em *The Faith of Jesus Christ: Exegetical, Biblical, and Theological Studies*. Editado por Michael F. Bird and Preston M. Sprinkle. Peabody, MA: Hendrickson, 2009.

A princesa prometida. Dirigido Rob Reiner. 1987; Beverly Hills, CA: Twentieth Century Fox Home Entertainment, 2017. Blu-ray Disc.

RIDDERBOS, Herman. *Paul: An Outline of His Theology*. Grand Rapids: Eerdmans, 1975.

ROSNER, Brian. *Known by God: A Biblical Theology of Personal Identity*. Grand Rapids: Zondervan, 2017.

SANDERS, E. P. *Paul and Palestinian Judaism: A Comparison of Patterns of Religion*. Minneapolis: Fortress, 1977.

SMITH, J. Warren. "'Arian' Foundationalism or 'Athanasian' Apocalypticism: A Patristic Assessment." Pages 78–92 em *Beyond Old and New Perspectives on Paul: Reflections on the Work of Douglas Campbell*. Editado por Chris Tilling. Eugene, OR: Cascade, 2014.

SMITH, James K. A. *Desejando o Reino: Culto, Cosmovisão e Formação Cultural*. São Paulo: Vida Nova, 2018.

_____. *Você é aquilo que ama: o poder espiritual do hábito*. São Paulo: Vida Nova, 2017.

SONDEREGGER, Katherine. *The Doctrine of God*. Vol. 1 of Systematic Theology. Minneapolis: Fortress, 2015.

SPENCE, Alan. *Incarnation and Inspiration: John Owen and the Coherence of Christology*. London: T&T Clark, 2007.

STENDAHL, Krister. "The Apostle Paul and the Introspective Conscience of the West." *Harvard Theological Review* 56 (1963): 199–215.

SWINTON, John. *Dementia: Living in the Memories of God*. Grand Rapids: Eerdmans, 2012.

TANNER, Kathryn. *Jesus, Humanity and the Trinity: A Brief Systematic Theology*. Minneapolis: Fortress, 2001.

TAYLOR, Charles. *Uma era secular*. São Leopoldo, RS: Unisinos, 2010.

_____. *As fontes do self: a construção da identidade moderna*. 4. Ed. São Paulo: Edições Loyola, 2013.

TILLING, Chris, ed. *Beyond Old and New Perspectives on Paul: Reflections on the Work of Douglas Campbell*. Eugene, OR: Cascade, 2014.

TORRANCE, J. B. "Covenant or Contract: A Study of the Theological Background of Worship in Seventeenth-Century Scotland." *Scottish Journal of Theology* 23 (1970): 51–76.

WESTERHOLM, Stephen. *Perspectives Old and New on Paul: The "Lutheran" Paul and His Critics*. Grand Rapids: Eerdmans, 2004.

WRIGHT, N. T. "4QMMT and Paul: Justification, 'Works,' and Eschatology." Pages 104–32 em *History and Exegesis: New Testament Essays in Honor of Dr. E. Earle Ellis for His 80th Birthday*. Editado por Sang-Won (Aaron) Son. London: T&T Clark, 2006.

_____. *Jesus and the Victory of God*. London: SPCK, 1996.

_____. "New Perspectives on Paul." Pages 243–64 em *Justification in Perspective: Historical Developments and Contemporary Challenges*. Editado por Bruce McCormack. Grand Rapids: Baker Academic, 2006.

_____. *The New Testament and the People of God*. London: SPCK, 1992.

_____. Paul and the Faithfulness of God. Minneapolis: Fortress, 2013.

_____. *Eu creio. E agora?. Porque o caráter cristão é importante.* Viçosa: Editora Ultimato, 2012.

ZIEGLER, Philip. *Militant Grace: The Apocalyptic Turn and the Future of Christian Theology.* Grand Rapids: Baker Academic, 2018.

_____. "Some Remarks on Apocalyptic in Modern Christian Theology." Pages 199–216 em *Paul and the Apocalyptic Imagination.* Editado por Ben C. Blackwell, John K. Goodrich, and Jason Maston. Minneapolis: Fortress, 2016.

Índice onomástico

A

Allen, Michael 35n11, 233
Arnold, Clinton 113n3, 233

B

Banks, Iain 207, 208n3, 233
Barclay, John M. G. 43n2, 45n5, 53n13, 60n23, 62n26, 67, 68, 68n40, 68n41, 69, 69n42, 70, 70n43, 71, 75n49, 91n9, 222, 222n6, 228, 228n11, 233
Barr, James 193n2, 233
Bauckham, Richard 168n1, 233
Billings, J. Todd 203n5, 233
Bird, Michael F. 62n29, 63n31, 87n6, 233
Bitner, Bradley J. 161, 161n9, 234
Brenton, Lancelot 147n7
Burke, Kenneth 68n40, 234
Burridge, Richard 72-73, 72n46, 72n48, 124n9, 234

C

Campbell, Douglas A. 61, 61n25, 61n26, 62, 63, 64, 65, 65n32, 65n34, 66, 67n38, 69, 70, 70n44, 70n45, 71, 74, 190n1, 234
Carson, D. A. 45n5, 235
Chester, Stephen 43n2, 45n4, 235
Croasmun, Matthew 60n24, 235
Crossan, J. D. 142n5, 235

D

Davis, Joshua B. 58n20, 235
Dick, Philip K. 131n1, 235
Dobroruka, Vincente 206n1, 235
Dunn, James D. G. 47, 81n2, 168n1, 173, 173n3, 226, 228n10, 236

E

Eastman, Susan 29n6, 30, 30n8, 60, 75n49, 228n12, 236
Engberg-Pedersen, Troels 56n16, 207n2, 236

F

Fee, Gordon 174, 174n4, 227n10, 236
Ferguson, Sinclair 236
Foster, Paul 113n3, 236
Frederick, John 56n17, 237

G

Garcia, Mark 24n3, 237
Gathercole, Simon J. 45n5, 60n23, 233, 237
Gaventa, Beverly R. 181n8, 182, 228, 237
Goldman, William 68n39, 237
Gorman, Michael 197n3, 237

H

Hafemann, Scott 65n34, 235, 237
Harink, Douglas K. 58n20, 235
Hartman, Lars 108n1, 238
Hauerwas, Stanley 55n14, 56, 57n19, 238
Hays, Richard B. 62n28, 147n6, 238
Heard, Mark 198, 198n4
Herdt, Jennifer A. 52n12, 238
Hurtado, Larry 227n9, 238

J

Jensen, Matt 29n7, 238
Jeremias, Joachim 193n2

K

Käsemann, Ernst 59, 59n21, 238
Keith, Chris 133n3, 239
Keller, Tim 175, 193n2, 239
Kelsey, David H. 214n4, 239
Kilby, Karen 123n8, 239

L

Letham, Robert 239
Levison, John R. 228n10, 239
Lietzmann, Hans 142n5, 239

M

Macaskill, Grant 66n36, 66n37, 120n5, 136n4, 239
MacIntyre, Alasdair 55n14, 240
Mackey, James P. 173n3, 236
Malina, Bruce 91n9, 240
Martyn, J. Louis 59, 59n21, 207n2, 240
Miller, Colin D. 56n18, 240
Moltmann, Jürgen 118n4, 240

N

Nikkanen, P. Markus 136n4, 143n5, 151n8, 240

O

O'Brien, Peter T. 45n5, 235

P
Pinches, Charles 57, 57n19, 238
Pitts, Andrew 63, 63n31, 240
Porter, Stanley E. 63, 63n31, 240

R
Ridderbos, Herman 180n7, 182, 241
Rosner, Brian 35n10, 241

S
Sanders, E. P. 33n9, 44, 45, 45n3, 46, 47, 81n2, 99n11, 241
Seifrid, Mark A. 45n5, 235
Smith, J. Warren 70n45, 241
Smith, James K. A. 55n14, 241
Sonderegger, Katherine 123n8, 227, 227n8, 241
Spence, Alan 173n2, 241
Sprinkle, Preston M. 62n29, 63n31, 87n6, 234, 241
Stendahl, Krister 42n1, 241

Swinton, John 131, 133, 133n2, 135, 242

T
Tanner, Kathryn 118n4, 242
Taylor, Charles 28, 28n5, 242
Tilling, Chris 58n20, 242
Torrance, J. B. 66n37, 67n38, 242
Torrance, T. F. 67n38

W
Wesley, Charles 178n6,
Westerholm, Stephen 43n2, 52n13, 242
Wright, N. T. 47, 47n8, 48, 49, 49n9, 49n10, 50, 50n11, 51, 52, 56n15, 72n47, 74, 81n2, 220, 221, 242

Z
Ziegler, Philip 60n22, 67n38, 243

Índice de passagens

Antigo Testamento
Gênesis
1 153
2 153
4.7 179

Êxodo
12.14 136
12.17 136
12.24–27 136
13.7–10 136
13.8 136
24.8 144
32 31

Deuteronômio
6.4 122
10.16 138
26.5–9 137
30.6 139

Salmos
119 182
119.97 182

Isaías
53 148, 158, 178
53.6 147
53.12 147

Jeremias
4.4 139
31 141
31.31–34 139
31.33 139
31.34 145
31.34a 146

Ezequiel
11.19 140
36 141

36.26–27 140
37 140, 141

Novo Testamento
Mateus
12.28 173
23 31
25.23 223
26.28 144
28.19 108

Marcos
14.22–25 143-144
15.34 198

Lucas
11.20 173
22.19 144, 147
22.20 144

João
15.5 21

Romanos
1–4 63
1.3 168n1
1.3–4 168n1
1.4 168n1
1.18–32 181
1.21 181

2 181
3 181
3.10 178, 186
3.12 178
3.22 63n30, 64
3.23 181
5 118
5.1 186
6 114, 118, 178, 180
6–7 178
6–8 62
6.1–2 115
6.3–4 109, 114
6.3–7 115
6.12–14 179
7 179, 181, 182, 188, 192, 202
7.7 181
7.14–20 180
7.17 30
7.20 30
7.22 182
7.24 183
7.25 184, 185
8 101n12, 184, 185, 188, 191, 192, 196, 200, 203, 207, 208, 223
8.1 188
8.2–4 185
8.7–8 192
8.9–11 191

8.10 192
8.11 173, 174, 200
8.13 183
8.15 116, 192
8.16 192
8.18–25 194
8.23 117
8.23–25 199
8.25 194, 199
8.26 194, 195
8.27 195
8.28 195
8.29 10n2, 196
8.31–36 200-201
8.35 201
8.36 201
12.2 10n2
13.14 183

1 Coríntios
1 109, 158
1.12 156
1.13 157
1.14–16 108, 109
1.27–29 158
5 151, 151n8, 152
5.6–8 152
5.7 152
5.8 154
6 151, 152, 154

6.15–17 154
8.5–6 122, 155
8.6 122, 155
10 119, 149, 151, 153, 154
10–12 154
10.1–4 120
10.2 109, 119
10.16 149
10.17 121, 154
10.18–20 150
10.21 121
11 121, 142, 148, 151, 153, 154, 157, 158
11.22 157
11.23 142, 147, 148
11.24 142, 147
11.26 162,
12 154, 157
12.3 124
12.12–13 122
12.13 109, 119, 155
12.22–25 157
13 223
13.4–7 225
13.12 86
15 117
15.29 109

2 Coríntios
1.3–7 196

1.22 117
3.1–6 141
5.5 117
5.17 116

Gálatas
1.6 27, 34, 93
1.8 93
1.13–14 94
1.16 59
2.4 34
2.11 34, 95
2.11–14 31
2.12 95
2.13 95
2.14 95
2.15–16 96
2.16 63n30, 64
2.17 96
2.18–19 96
2.19–20 50
2.20 10, 21, 30, 50, 79, 93, 95, 98, 98n10, 109, 113, 167, 207
2.21 50n11
3 112
3.2 98
3.3 99, 119, 170
3.3a 99

3.13–14 171
3.22 63n30, 64,
3.23–26 120n6
3.26 122
3.26–27 101, 167
3.26–29 110
3.27 109, 115
3.28 101, 206, 224
4 167
4.1–7 112, 167
4.4 100
4.5 100, 167
4.6 23, 100, 166, 192
4.8–9 176-177
4.9 112
5 171, 173
5.4 171
5.16–26 171-172
5.17 174
5.24 176
5.25 177

Efésios
1.14 117
2.10 80
2.15 184
4.5 123
4.22 182
4.24 184

Filipenses
1.21 213
2.6–8 168n1
3 38, 83, 93, 116
3.3–9 84
3.4 85
3.7 84
3.8 85, 86
3.9 87, 88n7
3.10 89
3.12 89, 116

Colossenses
1.25–27 120n6
2.8 113
2.20 113
2.21 104
2.23 31
3 112
3.8–11 111
3.9 182
3.16 217

Índice remissivo

A

Aba 193n2, 211

Adoção

    Cristo e 111-112, 167-177, 187, 192-194

    criação e 193-194

Atividade do Espírito Santo e 192-194

    Perspectiva antiga 61

    Cristão e individualidade 49-54, 79-80, 78-79, 111, 220-221

    Legalismo e 219

    Obediência e 101, 219-220

    Expiação 24-25, 220

Aliança 138-147,

Amor 223-226

B

Banks, Iain 207-208

Batismo

    prática do Novo Testamento 107-108

    participação na morte e ressurreição de Cristo 114-119, 215

    revestindo-nos de Cristo 107-114, 183

    união com Cristo 119-127

Barclay, John M. G. 67-71, 222

Barth, Karl 67, 190

Burridge, Richard 71-74

C

Calvino, João 24, 203n5

Campbell, Douglas A. 61-66, 69, 74

capital social 90-96, 218-221. *Veja também* legalismo: capital social e Trinitarianismo social 121-124, 169.

Ceia do Senhor
    Identidade cristã e unidade
        na 103, 154-163,
        215-217
    Memória e identidade 129-
        135, 142-151, 215-217
    Nova Aliança e 144-146,
        156-157
    Páscoa e 143-145
    Santidade e 149-153
Comunhão. *Veja* Ceia do Senhor
Cristologia. 168n1, 172-173 *Veja também* Encarnação

D

Deus, unidade de 119-124, 155-157
Discipulado cristão
    Centrado em Cristo 8-10, 22, 175-176, 184-185, 211-215
    Obediência 45-46
    sacramental 162-163
    pecado e 182-183

E

Eastman, Susan 60
Encarnação 172-174, 226-227
Escatologia 117-119

Espírito Santo
    Adoção em 192-194
    Batismo e 121-122
Estudos sobre 227n10
    Individualidade cristã e 49-54, 80-81, 209
    Jesus e 22, 25-26, 99-100, 104-105, 219-220
    Oração e 202-203, 208-209
    Salvação e 97-99
    Santificação e 169-174, 179
    Transformação e 229
    Unidade em Cristo e 226-228
Esperança em Cristo 7-8
Ética cristã 54, 71-74, 226-231
Eucaristia. *Veja* Ceia do Senhor
Evangelho 25-26. *Veja também* salvação
Evangelicalismo 11n3, 121, 229-230
Êxodo de Israel 119-121

F

Fé em/de Cristo. *Veja* justificação: fé e; *pistis Christou*
Filipenses 3 83-93

G

Gálatas 2.20 93-102

Gálatas 3.27 109-114
Gálatas 4 167-177
graça. *Veja* justificação; salvação

I
Identidade, sexual e gênero 224-226
Idolatria 30-35, 80, 112-114, 120-121
Imitação de Cristo 71-74, 229-230. *Veja também* Ética Cristã
Imputação de justiça 48-49, 104-105, 219-221
Individualidade cristã 49-54
Individualidade 28-29, 31-32, 206, 209-210

J
Judaísmo,
 Lei e graça 44-45, 53, 121
 Memória e ritual no 125-141
Justificação. *Veja também* Paulo: Nova Perspectiva
 Contratual 61-62, 70
 Pacto e 48-51
 Fé e 42, 70, 219, 228
 Participatória 62-63, 65
 Santificação e 24
 Obras e 53-54

Justiça. *Veja também* imputação de justiça
 Centrada em Cristo 100-101, 104-105
 Desmercantilizada 83-93
 Legalismo e 217-222

L
Lei. *Veja também* Romanos 6–7; capital social
 Aliança e 141-143, 146
 Cristo e 96-100
 Justiça e 87-89
 Justificação e 160-163
 Obras e 53-54
Legalismo
 Agência e 219
 Capital social e 90-92, 95-96, 217-222
 Idolatria e 31-35
 Rejeição de Paulo ao 170-171
 Autojustificação e 217-22
Lutero, Martinho 42, 48, 51-57, 70, 228

M
Memória e identidade. *Veja* Ceia do Senhor: memória e identidade; Memória performativa

Memória performativa 135-142, 160-163. *Veja também* Ceia do Senhor: memória e identidade

N
Natureza humana, depravação da 15-15, 24, 32, 34-35

O
Obras. *Veja* lei; legalismo
Oração 191, 194-196, 202-203, 208-209, 211, 216-217
Owen, John 172

P
Páscoa 135-142, 144-148, 160-163
Paulo
    Audiência de 99-102
    Escola apocalíptica em 57-61, 126
    Individualidade de 96, 206
    Linguagem sobre fé 64
    Nova Perspectiva 44-54, 74-75, 220-221
Pecado. *Veja também* natureza humana, depravação da; idolatria
    Condição de 24n2,
    Identidade e 28-30
    Idolatria e 30-31
    Persistência do 96, 178-188, 182, 223
    Salvação e 22-24, 177-186, 188
Perfeição 68-70
pistis Christou (fé de/em Cristo) 62-667, 87
Psicologia 214-215

R
Romanos 6–7 178-186
Romanos 6.3–4 114-119
Romanos 8 190-201

S
Sacramentos. *Veja* batismo; Ceia do Senhor
Salvação
    Centrado em Cristo 79-80, 104-105, 184, 211-213, 219-220, 227-228
    Dom da 222
    Espírito Santo e 97-99
    Fé e 62-63
    Modelos de 24-26
Santificação
    Centrada em Cristo 57, 111-112, 169-170, 180

Contínua 181-182
Espírito Santo e 24, 169-174, 190
Transformação e 62, 78-79, 223
Sanders, E. P. 44-45
Soteriologia. *Veja* salvação; pecado: salvação e
stoicheia 112-113, 177-179
Sofrimento 193-198, 201-203
Swinton, John 133

T
Teologia trinitária 226-231. *Veja também* Trinitarianismo Social
Teologia prática 36, 215-217. *Veja também* Discipulado cristão; oração

Trinitarianismo social 121-124, 169.

U
Unidade da Igreja 223-226
Unidade dos cristãos 72-74, 223-224. *Veja também* batismo: unidade em Cristo; Deus, unidade de; Ceia do Senhor: identidade cristã e unidade em

V
Vício 187n9, 210
Virtude 54-57, 72-74, 214-215

W
Wright, N. T. 47-52, 74, 220

FIEL MINISTÉRIO

O Ministério Fiel visa apoiar a igreja de Deus, fornecendo conteúdo fiel às Escrituras através de conferências, cursos teológicos, literatura, ministério Adote um Pastor e conteúdo online gratuito.

Disponibilizamos em nosso site centenas de recursos, como vídeos de pregações e conferências, artigos, e-books, audiolivros, blog e muito mais. Lá também é possível assinar nosso informativo e se tornar parte da comunidade Fiel, recebendo acesso a esses e outros materiais, além de promoções exclusivas.

Visite nosso site

www.ministeriofiel.com.br

Esta obra foi composta em AJenson Pro Regular 12, e impressa na Promove Artes Gráficas sobre o papel Apergaminhado 75g/m², para Editora Fiel, em Novembro de 2021